新时代青年学者经济文库
Economic Library for Young Scholars in the New Era

本书获得新疆维吾尔自治区"天池英才"青年博士项目资助

产城融合发展及路径研究

Research on Development and Path of City-Industry Integration

张争妍 陈作成 著

东北财经大学出版社
Dongbei University of Finance & Economics Press

大连

图书在版编目（CIP）数据

产城融合发展及路径研究 / 张争妍，陈作成著. —大连 ： 东北财经大学出版社，2024.12.—（新时代青年学者经济文库）. —ISBN 978-7-5654-5467-7

Ⅰ.F260

中国国家版本馆CIP数据核字第2024VG6203号

东北财经大学出版社出版发行

　　大连市黑石礁尖山街217号　　邮政编码　116025

　　网　　　址：http：//www.dufep.cn

　　读者信箱：dufep@dufe.edu.cn

大连图腾彩色印刷有限公司印刷

幅面尺寸：170mm×240mm　　字数：177千字　印张：15　插页：1
2024年12月第1版　　　　　　2024年12月第1次印刷
责任编辑：石真珍　王　斌　　责任校对：一　心
封面设计：张智波　　　　　　版式设计：原　皓
定价：78.00元

教学支持　售后服务　　联系电话：（0411）84710309
版权所有　侵权必究　　举报电话：（0411）84710523
如有印装质量问题，请联系营销部：（0411）84710711

前　言

　　产业是城市发展的基础，城市是产业发展的载体。没有产业作为支撑的城市，只能算作"空城"；没有城市作为依托的产业，只能是"空转"。产城融合是综合考虑城镇承载力、可持续发展和产业空间结构，同时关注人的发展，使产业发展与城镇功能相匹配，推动城镇功能更新和产业结构升级，形成产业发展与城镇功能优化的协同共进，即以"人"为连接点，实现"产""城"协同互促的良性互动过程。

　　本书以新疆为例，研究产城融合的发展及路径选择。新疆位于我国西部地区，地处亚欧大陆腹地，是我国西北的战略屏障与对外开放的重要门户，是丝绸之路经济带上的主力军和排头兵。发挥新疆独特的区位优势和我国向西开放的重要窗口作用，打造我国内陆开放和沿边开放高地，坚持扩大内需战略基点，在促进形成新发展格局的进程中，实现"以产兴城，以城促产，产城融合"，是新时期推进新型城镇化和新型工业化进程中亟待解决的重大现实问题，也是努力建设团结和谐、繁荣富裕、文明进步、安居乐业、生态良好的新时代中国特色社会主义新疆的重要抓手。本书在对相关概念进行界定和理论分析的基础上，首先，分析新疆产城融合发展的现实基础，构建指标体系测度新疆产城融合发展水平，并进行时空变动与空间差异分析；其次，构建面板数据模型和门槛效应模型，研究新疆产城融合发展的影响因素；再次，对新疆不同区域、层次的产城融合发展路径进行分析，进一步研究不同空间类型产城融合发展的路径选择；最后，提出产城融合发展路径的保障措施。

本书内容共分9章，其中第1章为绪论、第9章为结论和展望，第2至8章的内容如下：

第2章，相关概念界定及理论分析。这一章是本书的起点与基础。首先，对本书涉及的相关概念进行界定，初步界定产城融合是在综合考虑城镇承载力和产业空间结构及可持续发展基础上，使产业发展定位于符合城镇整体功能扩展，通过城市、产业、人口的有序发展驱动城镇更新和完善城镇服务水平，形成城镇功能优化与产业发展协同共进与良性互动的科学动态过程；其次，阐述本书涉及的主要理论，包括区位理论、产业集聚理论、二元结构理论和可持续城市理论等；最后，从宏观层面、中观层面、微观层面三个层面分析产城融合的动因，从"产城互动""产人互动""城人互动"三个方面分析产城融合的内在机理。

第3章，新疆产城融合发展的现实基础。这一章主要从产城融合涉及的"产业"和"城镇"两个作用主体来分析。首先，从产业布局情况、产业结构调整态势、产业技术水平三个方面分析新疆产城融合发展的产业基础；其次，从城镇化总体格局、城市基础设施建设、人口与经济一致性三个方面分析新疆产城融合发展的城镇基础。我们发现，新疆产城融合发展存在人口城镇化滞后于土地城镇化、城镇化的产业支撑弱化、城镇发展中产城分离现象突出等问题。

第4章，新疆产城融合发展水平的测度与综合评价。首先，根据评价指标体系的简洁性、代表性及数据可获得性等基本原则，从产业支撑、城市功能和人本导向三个方面科学、合理地构建评价指标体系；其次，从总体、各地州（市）、县级市和县域四个方面对新疆产城融合发展水平进行综合评价；最后，分析新疆产城融合进程中"产""城""人"的协同演化。我们发现，新疆产城融合发展水平不断提升，但在一定程度上存在产业支撑弱化、城市功能缺失或人本导向错位等问题；新疆产城融合发展水平不均衡，呈现北高南低的格局；新疆大部分地州（市）、县级市、县域在产城融合中尚未形成"产""城""人"的协同演化。

第5章，新疆产城融合发展影响因素分析。这一章从新疆产城融合发展存在的主要问题出发，结合新时期新疆经济社会发展特征，对新疆产城融合的影响因素进行分析，找出新疆产城融合发展的主要影响因素，构建面板数据模型，对影响因素进行实证分析。首先，对新疆产城融合发展影响因素进行通径分析；其次，依次构建面板数据模型和门槛效应模型，分别对各地州（市）、县级市、县域层面的影响因素进行分析。研究表明，土地出让产业偏向、投资开放水平、产业结构的优化升级可以有效促进新疆各地州（市）产城融合的发展，产业结构的优化升级、财政自给能力的提升、企业规模的扩大可以显著促进新疆各县级市、县域产城融合发展。

第6章，新疆不同区域层次产城融合发展的路径分析。首先，根据产城融合发展水平，将各区域层次划分为转化区、扶持区、整改区和优化区四种类型；其次，根据不同区域层次的产城融合发展水平所属的类型，选择不同的产城融合发展路径，不同路径中包含的重点任务有"产""城""人"提质增效、"产""城""人"协同演化、"产""城""人"补短板；最后，进一步对新疆泛县域经济产城融合发展路径进行分析。

第7章，新疆不同空间类型产城融合实现的路径选择。首先，提出新疆产城融合发展的目标取向和基本原则；其次，分析国内产城融合实践经验及对新疆产城融合发展的借鉴意义；最后，基于不同区域层次的相同性，提出与空间类型相匹配的产业和城镇融合发展道路等新城区产城融合路径、信息化与新型工业化融合的产业和城市融合发展道路等老城区产城融合发展路径、走产业集群优先发展的产业和城镇融合道路等小城镇产城融合发展路径。

第8章，新疆产城融合发展路径的保障措施。这一章从财政支持、金融支持、政策支持、人才支持四个方面提出新疆产城融合发展的保障措施。

本书中的数据来源于2006—2019年《新疆统计年鉴》《中国城市统计年鉴》《中国县域统计年鉴》《中国城市建设年鉴》《中国城乡建设统计年鉴》，以及新疆各地州（市）统计年鉴。其中，新疆67个县中，有部分数据从统计年鉴中无法获取，企事业单位主要专业技术人员数、研究与开发经费支出、人均绿地面积等数据均由著者调研所得。受到数据可得性和更新难度的限制，本书中的统计数据没有更新至最近年份。随着时代的进步，在后期的研究中，我们将不断更新研究数据，在理论广度和深度上进一步拓展产城融合的理论基础，在更大的空间范围内进行产城融合发展研究，提出有益于产城融合发展的新思路、新措施。

著 者

2024年9月

目　录

第1章　绪论 / 1

　　1.1　选题背景与研究意义／2

　　1.2　国内外研究动态／5

　　1.3　研究思路与方法／20

　　1.4　研究内容／22

　　1.5　创新之处／24

第2章　相关概念界定及理论分析 / 26

　　2.1　相关概念界定／27

　　2.2　理论基础／30

　　2.3　产城融合的动因及内在机理分析／34

第3章　新疆产城融合发展的现实基础 / 42

　　3.1　新疆产城融合发展的产业基础／43

　　3.2　新疆产城融合发展的城镇基础／56

　　3.3　新疆产城融合发展中存在的问题／65

第4章 新疆产城融合发展水平的测度与综合评价 / 69

4.1 产城融合综合评价指标体系的构建／70

4.2 新疆产城融合发展水平综合评价／75

4.3 新疆产城融合进程中"产""城""人"协同演化／103

第5章 新疆产城融合发展影响因素分析 / 114

5.1 新疆产城融合发展影响因素的通径分析／115

5.2 新疆各地州（市）产城融合发展影响因素的实证分析／123

5.3 新疆各县级市产城融合发展影响因素的实证分析／132

5.4 新疆县域产城融合发展影响因素实证分析／139

第6章 新疆不同区域层次产城融合发展的路径分析 / 147

6.1 新疆产城融合发展路径选择的四分图矩阵分析／148

6.2 新疆不同区域层次产城融合发展的路径选择／152

6.3 新疆泛县域经济产城融合发展路径分析／179

第7章 新疆不同空间类型产城融合实现的路径选择 / 182

7.1 新疆产城融合发展的目标取向和基本原则／183

7.2 国内产城融合实践经验及其对新疆的借鉴／184

7.3 新疆不同空间类型产城融合发展的路径选择／188

第8章 新疆产城融合发展路径的保障措施 / 193

8.1 财政支持／194

8.2 金融支持／196

8.3 人才支持／199

第9章　结论和展望 / 201

　　9.1　主要结论 / 202

　　9.2　展望 / 206

参考文献 / 208

附录 / 222

索引 / 229

第 1 章

绪论

1.1 选题背景与研究意义

1.1.1 选题背景

1）国家层面

（1）"产城分离"问题凸显

一直以来，城镇化是区域经济和社会发展的重要动力。长期以来，在城镇化推进中，人们偏重城市规模的扩大和数量的增加，忽略了城镇与产业匹配以及人的发展，产生了诸多问题。在城镇化进程中，大量转入城市的农村人口不能融入城市生活，市民化进展缓慢；土地城镇化快于人口城镇化，造成城镇建设用地效率低下；没有充分考虑现有资源环境的承载力，在城镇化推进中城市的规模和空间布局不合理。在城镇化推进中，除了城镇化自身出现的城镇功能与产业发展不匹配问题，对工业化、农业化进程也产生了一定的影响。在城镇化推进中，城镇是基础，为产业发展提供载体；产业是支撑，为城镇的快速发展注入动力；城市与产业共同发展、相伴而生。城市是载体，产业是动力。产业没有城市依托，只能"空转"；城市没有产业支撑，就会变成"空城"。城市化与产业化不能脱节，要有对应的匹配度。只有在保障产业和城镇协同发展的前提下，城市才会不断完善，越来越好；产业才会不断升级，越来越强。产城融合发展是破解产城分离、推进新型城镇化的重要手段。

（2）新型城镇化建设进程加快

党的十八大报告对新型城镇化的概念进行了界定，其不单单体现在城市数量和规模变化上，还应体现在人民的生活水平、社会保障功能、生态环境、产业发展、可持续发展能力等方面的提高上，使农村人真正变成城市人。新型城镇化把人的全面发展作为重点和核心，逻辑主线是在城镇发展中关注人的发展。城镇的出现和发展验证了产业在城镇化发展中的重要作用。党的十八届三中全会提出，推进"以人为本的新型城镇化"，推进产业和城镇的融合发展。在新型城镇化推进中，要把产业的基础支撑作用、保障功能重视起来，加快产业和城镇的融合发展，这是为农村剩余劳动力提供就业机会、解决市民化问题的关键。产城融合是产业、城镇、人的互动融合，是推动新型城镇发展的必然要求。

（3）国家支持产城融合示范区建设逐步开展

国家发改委2016年11月提出，要建设58个产城融合示范区，产城融合示范区要为新型城镇化探索路径；要按照产城融合发展的理念，发挥先行先试和示范带动作用，推进产业集聚升级，增长点初步形成，功能互补协调的区域发展格局逐步呈现，加快经济发展转型。国家开展产城融合示范区工作，有利于加快产业和城镇融合发展进程，加快新型城镇化进程，推动经济结构调整和经济发展方式转变。

2）新疆层面

（1）在快速城镇化进程中，城市、环境问题凸显

近年来，依托国家西部大开发战略，城镇化加速推进成为新疆区域经济发展的主要战略方向。由于在实施初期缺乏合理规划，在快速城镇化进程中，照搬已有成功模式导致新区"空城"现象，造成城镇布局和规模结构不合理；各区域自身条件差异导致城镇发展不平衡，传统规划造成城镇不宜居；同时，重点发展的地州中心城市辐射能力有限，导致城市群发展滞后，吸纳就业、人口集聚功能较差。盲目城镇化对生态环境造成不同程度的破坏，同时，投入的生态环境建设资金有限，城市生态系统内部结构、功能等不完善，破坏了新疆生态环境，使其日益恶化。在这种情况下，对于资金、人才和技术储备等都

十分匮乏的新疆来说，在城镇化推进中，以规模扩张为主的城镇化发展模式必须重新审视，提高产业与城镇发展中各项要素的投入产出效率，注重产业与城镇协同发展。

（2）新疆3个产城融合示范区纳入国家支持范围

2016年，新疆昌吉州阜康产城融合示范区、乌鲁木齐市产城融合示范区、兵团第一师阿拉尔市纳入国家产城融合示范区的支持范围，为新疆产城融合的发展带来机遇。在产城融合示范区建设中，新疆应该争取国家对产城融合示范区建设的支持，用好推进产城融合发展的各项政策机遇，健全产城融合发展的体制机制，补短板、强弱项，引导产业向绿洲城镇组群和中心城市园区聚集，形成以先进制造业、生产性服务业为主的产业结构。同时，总结产城融合示范区建设的好经验、好做法，形成可应用、可推广、可复制的理论和实践成果，不断推进新疆产城融合规范、有序发展。

（3）经济开放亟须强化产业就业支撑

作为"丝绸之路经济核心区"，新疆在新时期要建设"三通道""三基地""五大中心""十大进出口产业集聚区"。更为重要的是，各地扩大对内对外开放，强化产业的支撑作用，化解城镇建设中的"空心化"问题。在新疆各区域发展中，科学的产城融合发展形式亟待确定，以促进"宜业宜居"城镇化格局形成；建设丝绸之路城镇发展带，强化城市产业就业的支撑作用；落实战略产业发展规划，优化产业布局，提升产业竞争力和市场规模；统筹天山北坡和南疆地区工业园区的产业分工和布局，积极探索工业园区与城镇融合互动发展的有效途径。

1.1.2 研究意义

（1）丰富了产城融合发展理论。本书从宏观、中观、微观三个层面分析产城融合的动因，构建产城融合理论模型，并从"产城互动""产人互动""产城协调"三个方面探索产城融合的作用机制，从区域层次系统、全面、科学地研究产城融合。

（2）有利于新型城镇化有序推进。进行产城融合发展及路径研究，有利于形成功能各异、协调互补的区域发展格局，有利于规避盲目城市化带来的空城现象，能加快新疆产城融合发展步伐，实现城市土地集约化、加速产业聚集。

（3）有利于保障边疆安全和社会稳定，为内陆开放和沿边开放高地的建设奠定社会基础。产城融合进程加快和溢出效应显现，推动工业强基增效和转型升级，提升新型工业化发展水平，增强产业自我更新能力；有利于增加就业人口，有助于加快推进新型城镇化，全面提升城镇化质量；有助于新疆区域经济协调发展，为核心区的建设提供产业、人才支撑和社会保障。

1.2 国内外研究动态

1.2.1 国外研究现状

1）关于产城融合的内涵

国外文献中没有"产城融合"这一名词，与"产城融合"类似的研究散见于城镇化、工业化等方面的相关文献中。城市功能与产业布局的匹配，以及城市化和工业化的协调发展是国外学者研究产城融合问题的主要内容。针对交通混乱、人口拥挤、移民等城市发展中存在的普遍问题，国外学者提出建立相对独立的城市新区或新城，逐步使老城区和新城区基础设施配备齐全，促进就业和居住空间均衡发展；注重城市规划的多样性和混合功能，即"职住均衡"理念（Giuliano，

1992；Porters，1995；Markusen，1996；Brueckner，2000），同时注重研究生产地区、行业之间及其内部相互依赖的关系（Massimiliamo，2009）。国外学者对"产城融合"概念的认识主要是如何解决大城市中职住分离的问题，也就是就业与居住空间的不匹配问题。对于如何解决通勤成本过高、交通拥堵等城市发展中所面临的问题，国外学者未将产业发展作为解决产城分离问题的一个关键突破口（Smith，2003；Patacchini，2006）。关于如何解决城市发展问题，实现产城融合、注重居民在城市空间偏好上的差异性等问题，国外学者大多倾向于用市场机制或市场的力量来解决（Brueckner，2000；Sjoquist，2001；Schmidt，2004）。

近年来，越来越多的学者开始关注城镇化、城市产业一体化问题，城镇化、城市产业一体化是城市、人口和产业紧密结合的复杂系统。国外学者对土地财政进行了大量的研究（Chen，2018），土地利用和土地覆盖（Pflüger，2010）是城市与产业的利益交汇点。其他研究则更多地关注城市人口（Yao，2015），如劳动力从农业部门向工业部门的转移，以及产业结构转型（Zou，2016）。此外，国外学者试图通过关注自然环境来改善居民的生活质量（Li，2019）、基本社会服务（Discoli，2014）、交通（Furlan，2018）、基础设施（Zhan，2018）等。然而，大多数研究倾向于讨论城镇化所涉及的问题，而忽视了从多维视角出发的科学评价程序（Ma，2018）。

2）关于城镇化与工业化关系的研究

国外学者最初从分工的视角研究城市化与工业化的关系。分工与专业化能够为产业发展和城市化进程提供资本积累，与经济发展产生良好的互动关系，并带来较好的经济利益。产业与城市相互关系的主要理论包括韦伯的工业区位论、里昂惕夫乘数效应论、佩鲁的极化理论等，这些都明确揭示了产业发展与城市化进程的密切关系。

二元经济结构问题从20世纪60年代后期开始引起国外学者的关注，国外学者从二元经济结构转型的视角研究城市化和工业化的关系，以期实现城市化进程与经济发展的合理互动（Rannis，1961；Harris，1970；Kelley，1984）。在英美等西方国家，"诺瑟姆曲线"定理获得了广泛认可和实证支持，国外学者围绕"诺瑟姆曲线"定理从国家层面对城镇化与产业的动态关系展开了一系列研究（Razin，1988；Antrop，2000）。

城市化进程理论研究促进了实证研究的进展，国外学者（Chenery，1988；Wheaton，1981；Moomaw，1996；Henderson，2003）实证分析了经济发展与城市化、工业化之间的互动关系，运用实证方法检验了经济发展水平对城市化进程的作用机制，发现人均国内生产总值与城市化水平有着较为密切的关系，农业劳动力增加会减缓城镇化进程，工业劳动力增加会促进城镇化进程。

向非农产业转移的农业劳动力在促进城镇化演进的同时也推动了产业结构的优化升级（Pandy，1997）。城镇化与产业存在一定的内生关系，在实证研究中，一个关键性难题是如何分离城镇化与各产业的融合效应。国外学者提出了面板向量自回归模型，以此来解决内生变量的因果效应问题，这一模型被广泛应用到变量间的互动关系分析中（Zicchino，2006；Lof，2014）。Mohanmad（2012）基于战略管理视角研究了城镇化与工业化的互动关系。在二元经济分析框架内，他认为，城市化带动工业化，工业化反作用于城市化（Lewis，1989）。城市化对工业化的推动作用主要体现在每一个企业都得益于因众多企业共存而产生的集聚经济效应，以及若干外部经济使城市中的企业都受益。Bruhart（2008）利用欧盟的产业数据研究集聚经济效应，发现集聚经济效应对城镇化进程有着明显的促进作用，对经济增长促进效应的弹性系数为0.13。

随着工业化进程的推进，剩余劳动力的积累集中在农业部门，而技术进步和投资主要集中在工业部门。伴随着区域产业集聚水平提升和产业结构优化升级，人口转移速度加快，城镇化水平进一步提高（钱纳里，1986）。伴随着城镇化和工业化的推进，非农收入与农业收入之间的差距进一步拉大（Timmer and Mai，1992）。

3）关于产城融合发展策略的研究

在城市发展过程中，经济园区由单纯的生产园区转变为集生产、服务、消费等多功能于一体的综合型城市经济区，实现了从产业园区到功能完备的社区城市的转变。Chenery（1975）研究了城市化与工业化之间的关系，得出了两者变动的一般规律：工业化的发展会推进区域城市化程度和产业结构的优化升级。同时，城市空间经济学探索了城市经济运行与空间结构的内在机理，以及这一机理在经济运行中的演变规律，反思了主流经济学对于空间因素的漠视。20世纪初，城市学家霍华德提出了田园城市理论，探讨了关于新城建设及运行与管理等方面的问题。该理论涉及城市各方面的发展规划及安排。Nolfi（2005）在其提出的自组织理论中指出，产城融合是在有序状态下实现的，不仅是产业与城市环境高度开放融合的过程，还是各要素协同作用的结果，同时也是有序状态的实现过程。

城市的生产、服务功能对工业企业具有重要的支撑作用，工业园的成功离不开大学知识、人力资源培训、商业、金融和网络等因素的支持（Rodríguez-Pose，2014）。区域产业成功发展的关键因素是社会关系与本地化网络（Lewis and Moran，2002）。Jacobs（1961）提出了"社会资本"的概念，并将社会资本界定为"邻里关系网络"。Porters（1995）、Putnam（2000）都从不同角度认为社会资本可促进相互利益的协调，它主要有社会组织的信任、规范和网络等方面特征。若选址在城市中心之外，企业区可能导致城市蔓延。为形成综合性城市功能区，他们主张按照精明增长原则实施政府的企业区计划（Kogel-Smucker，2008）。先期实施的区划条例将限制城市增长边界（Schmidt，2004）。目前，大多数政策建议和可行的发展规划都是基于定性分析的，工业功能和城市功能的分离会导致低效的城市化和可持续发展困难，缺乏政策建议的数量模型会导致评估的准确性降低和实际执行的成果减少。

4）国外产城融合发展实践

欧美地区产城融合发展的实践表明：工业园区郊区化是为了减轻环境压力，满足工业现代化对广阔空间的需求；工业发展是依托工业园区进行的。

鲁格（M.I.Luger）和古尔德斯坦（H.A.Goldsteim）指出，科学园可建立在靠近研究性大学的非都市区，即在提供外部经济条件方面，研究性大学可以作为都市区的替代物；较大的城市可提供较好的外部经济条件，在其提供的空间内，科学园成功的可能性也较大。其提出的发展模式在日本演化为"技术城"概念，这一概念在当时引导了世界工业园的发展，即强调工业园和研究性大学或大城市的地域接近。研究机构与工业区虽在空间上分离，但在价值链上仍然保持密切联系。

日本产城融合的实践主要是产、学、住一体化新城。"技术城"是扎根于文化和技术的城镇建设，是科学研究机构、高科技产业、宜居宜业城镇的有机结合。"技术城"并非城市中的工业片区，而是一种理想的城市形式，着眼于"城"的发展。"田园城市建设国家设想"与"80年代产业结构设想"是"技术城"建设思路的源泉，通过优美环境的营造与各种城市职能的整合，将居住、研发、生产进行一体化技术应用，实现生态环境与社会经济的良性互动。

1.2.2 国内研究现状

随着我国城镇化水平的逐步提高，城镇化带来的问题也日益凸显。在此背景下，国内学者以及各级政府对城镇化中的产城融合问题关注度日益提高，并逐步成为解决一系列"城市病"的关键抓手。在快速推进城镇化进程中，不同层次的城市（镇）区域类型出现了各种问题或遗留了各种影响城镇化可持续发展的弊病：大城市的快速膨胀导致了各种"城市病"；新型卫星城或者新型工业园区因前瞻规划及后期公共服务设施缺乏，出现了产城脱节现象，产业发展和城市发展中产生的问题亟待解决。

1）产城融合内涵的研究

这主要表现为：以产业发展促进城市新区发展（陈云，2011；杨芳，2014）、新城与老城的产城互促（周海波，2013；刘荣增，2013）、城市与产业的协调发展（秦智，2013；苏林，2013）、强调以人为本的产城需求匹配及系统性考量的产城功能性融合（李学杰，2012；刘瑾，2014；孙红军，2014；刘欣英，2015）等。随着对产城融合问题的关注日益增多，研究范围扩展到城市（群）、省域等不同区域、层级，同时，针对城市新城和老城、小城镇等不同空间类型的产城融合问题研究也逐步深入。产城融合是产业发展充分考虑城镇承载力及功能扩展、产业发展与城镇功能优化逐步达到良性互动与协同共进的科学动态过程，以实现提升城镇服务水平和驱动城镇更新的目标。

城市与产业共同发展、相伴而生，城市是载体，产业是动力。产业没有城市作为依托，只能"空转"；城市没有产业作为支撑，就会变成"空城"。城市化与产业化不能脱节，也不能一快一慢，要有对应的匹配度。我国的产城融合发展在信息化时代背景下呈现出智能化、协同化、服务化和网络化的"四化"新趋势（曲巍巍，2017）。在转型背景下，我国的产城融合战略要求"以产促城、以城兴产"，实现城市功能提升与产业发展。

在融合过程中，"产""城"系统相互影响、协同共进，更高层次的复合系统在发展过程中逐步形成（丛海彬，2017）。产城融合发展涉及的要素具有复杂性，不仅包含劳动力、资本、技术等，还包含社会制度、发展环境等非实体要素。产城融合本质上是以优化产业结构和提升城市功能为目标，形成产业、城市和人类三者之间良性发展的有机整体，促进整个社会和谐发展（何育静，2017）。

产城融合主要是以人本主义为导向，以产业为主要动力，完善配套设施建设与驱动城市更新；以城市为发展平台，承载人口与产业发展空间需求，促进实现产业功能结构与城市功能结构相匹配、人的生活活动与生产活动相适应，实现产、城、人三者之间彼此促进的良性循环发展状态（邹德玲，2019）。黄小勇（2020）认为，在产城融合发展中，城市为产业提供载体保障；产业驱动城市更新，完善城市服务配套设施，拓宽城镇发展的空间；最后产业和城镇达到可持续发展状态。万伦来（2020）认为，产城融合表现为城镇化功能与工业化的交互与融合、产业布局与城市空间布局相协调。

2）产城融合动因及内在机理研究

（1）产城融合动因的研究

缺乏合理性的城市规划导致产业和城镇不能成为关系密切的联系主体（王小鲁，2010；陈云，2011），这会导致产业与城市融合不足，同时还会使得城市功能无法协调，进而影响城市的进一步发展。

"有产无城"或"有城无产"会造成产城分离（夏骥，2011；钟顺昌，2014）。在发展中，人们往往忽视了城镇的载体、产业的支撑动力以及两者的相互关系，这使得城市配套设施落后，无法实现产业集聚和城市可持续发展。由于资源配置不合理，在我国城市发展过程中，新老城区产业和城镇功能难以互补和融合（刘荣增，2013）。产城融合是提高城镇化质量的有效方式，是解决区域产城分离的主要手段，也是推进新型城镇化战略的关键路径（吴振明，2012；林勇，2012）。

我国产城分离问题具体有三个层面的原因：从微观层面来看，政绩考核机制的"唯GDP论英雄"是研究产城融合时需要正视的现实；从中观层面来看，城镇化与工业化发展不协调造成了产城分离；从宏观层面来看，我国理性主义和增长主义的城市发展理念导致产城分离问题凸显（杨雪锋，2016）。

城市作为发展的载体，其为产业集聚、升级提供生产要素和保障；反过来，产业的集聚、发展又推动了城市功能更新和完备（彭兴莲，2017）。在城镇化建设中，企业和政府因其自身的有限理性，存在动态的演化博弈过程。如何促使产业升级与城镇化建设同步发展？这是促进产城融合的关键（钟诚，2019）。张新芝（2020）认为产业转移对城镇化前期滞后情况的改善是有利的，这促进了工业化发展与城镇化进程的协同。

（2）产城融合内在机理研究

产业是新型城镇化建设的动力源泉，新型城镇化是产业集聚的空间载体。促进产业和城镇化融合发展，既有利于培育新型城镇化的动力机制，又有利于拓宽产业的发展空间。作为一个具有中国特色的概念，新型城镇化在本质上与城市化具有统一性，新型城镇化有助于促进我国城市经济可持续发展，是我国迈入以集聚、开放为特征的现代化状态的重要途径（倪鹏飞，2014；胡岳岷，2014）。产业与新型城镇化具有互动性（马远，2012），新型城镇化的推进与产业发展应协调匹配。

在推进新型城镇化进程中，为了发挥其实现人的全面自由发展和促进我国未来经济增长的作用，应以人的城镇化为核心，以人的全面自由发展为出发点和落脚点。"城"是基础，"人"是核心，"地"是载体，"业"和"居"是支撑。人因业而立、因居而乐，人聚为城，业聚为产；城因产立，产因城兴，人因城而居、因产而业。业与居的协调要求产与城的融合，业和居是产和城的微观基础，要使产城融合成果实现共享发展并惠及广大城市居民。在推进产城融合的六大要素——产、城、人、地、居、业中，"人"是核心，"产""城""地""居""业"为改善人的生活和生产条件提供支持。为使人口城镇化与土地城镇化同步发展，产城融合需要通过空间再利用更好地满足和实现人的需要（杨雪锋，2016）。

产城融合涉及要素改变所产生的内在动力是产城融合的作用机制，其具有相对稳定性和规律性（刘欣英，2016）。产城融合的后续动力是发展环境，产城融合的动力保障是城市化水平，产城融合的动力基础是经济实力，产城融合的原动力是产业生产要素。产业结构变迁、生产要素变化、城市自我更新及经济结构升级，有利于吸引优质产业和引领产业变革。产城融合是"产""城""人"的有机融合，以"人"为连接点实现"产""城"的协同互促（谢呈阳，2016）。城市发展应结合区域竞争环境和城市发展阶段，充分运用城市经济的扩散效应和集聚效应，合理制定城市规划和产业政策，因地制宜地拟定各类城市的发展要求，推进城市"空间-产业"互动发展，进而推动产城融合、城市建设向更高的水平发展（周韬，2016）。

3）产城融合发展测度的研究

构建指标体系测度产城融合发展水平是国内学者普遍采用的方法。高刚彪（2012）构建了产城融合发展评价体系，指标权重用专家打分法确定，采用层次分析法得出计算结果，并依据融合度划分为产城失调、基本融合、良好融合和高度融合四种类型，他发现河南省商水县的产城融合度为基本融合。

苏林等（2013）从城市化水平、创新活动、园区配套以及经济发展方面构建综合评价指标体系，运用模糊层次分析法确定指标权重，综合测度上海张江高新区的产城融合度。他们发现上海张江高新区的产城融合已达到较高水平，城市化水平、创新活动、园区配套、经济发展对该高新区产城融合发挥了至关重要的推动作用。

王霞（2013）以56个国家级高新区为样本，结合城市子系统理论，通过因子分析，建立了基于高新区产城融合分离系数、高新区城镇化发展、高新区工业化发展指标的评价指标体系，并用熵值法为各评价指标确定权重，其中包括科技与创新能力等13个二级指标。

孙红军等（2014）立足人口融合、空间融合、功能融合3个方面构建综合评价指标体系，运用层次分析法和专家打分法确定指标权重，综合评价产城融合度。

王菲（2014）基于组合赋权和四格象限分析法，通过构建指标体系对具有典型代表性的产业集聚区进行综合评价。识别产业集聚区的发展类型时，可把产城融合发展的四格象限分析法作为参考。

唐晓宏（2014）基于城市更新视角，从交通与房价、居住环境、基础配套和休闲设施4个方面构建评价指标体系，评价开发区产城融合度，指标体系包括交通条件、房价水平、教育资源、商业设施、文化设施、医疗服务、娱乐设施、体育设施、生态环境、居住条件、安全保障等11项指标。

黄新建（2016）将产城融合发展水平设为目标层，从城镇化质量、产业发展水平、产业融合系数3个方面构建产城融合评价指标体系，全面、科学、客观地评价江西产城融合发展水平。

颜丙峰（2017）从城镇承载功能（城镇的包容能力、基础设施承载能力、城镇资源环境承载能力）和产业发展能力（产业结构合理化程度、产业绿色成本、产业科学技术创新能力）两个方面构建指标体系，评价山东产城融合发展水平。结合江苏省的实际情况，何育静（2017）选取社会发展、土地与环境设施、收入与生活、就业、人口、产业经济6个方面来评价江苏省产城融合现状。丛海彬（2017）用产城耦合协调度作为产城融合度的替代值定量分析产业、城市、人口产城融合三要素间的耦合协调关系。张建清（2017）从空间整合、功能融合、人本导向3个角度构建四级评价指标体系，对长江中游城市群产城融合度进行动态综合评价。

李豫新（2018）基于产城人协同维度、人的发展、城市发展、产业发展4个维度构建产城融合评价指标体系，评价西北五省产城融合发展水平。黄桦（2018）选取公共服务产城共有率、基础设施产城共有率、开发区职工在城镇落户率、开发区职工在城镇购房率、开发区与城镇空间距离、土地利用规划等6个指标评价开发区产城融合。邹德玲（2019）从产城融合的三大主体——产业、城市、人——入手构建指标体系。贾晶（2019）从资源配置、居民需求、城市功能、产业发展4个方面构建产城融合测度指标体系，评价河南省国家高新技术产业开发区产城融合。

唐世芳（2020），运用城镇建设综合指数与产业发展综合指数的耦合程度来测度产城融合水平。黄小勇（2020）从产业平衡、职住平衡、消费平衡、生态平衡以及基础设施5个方面构建指标体系，评价我国37个大中城市产城融合水平。

4）产城融合发展影响因素的研究

王霞（2014）认为环境因素、社会因素、资源因素与产业因素是影响高新区产城融合的主要因素。

刘欣英（2016）从发展环境、城市化水平、经济实力、产业生产要素 4 个维度梳理影响产城融合的主要因素。发展环境具体包括风险环境、生态环境、文化环境、制度环境等因素（Globerman，2003），城市化水平包括公共服务、生活水平等因素，经济实力包括科技创新、产业结构、经济产出等因素（张明之，2003），产业生产要素包括劳动力、资本、自然资源等因素。

产业结构的价值链布局是城市空间价值链布局的基础。周韬（2016）认为城市间价值重组能力决定城市内部价值重组水平，城市价值链上的核心城市推动城市"空间–产业"互动发展。

黄新建（2016）引进产城融合系数指标，认为乡城融合受产业与生态协同发展、基础设施、公共服务、人口城镇化影响。刘欣英（2017）认为产城融合的环境因素具体包括制度环境、文化环境、生态环境及风险环境。新时代背景下，中国主要社会矛盾发生了历史性转变，产城融合的主要影响因素也随着时代背景而转变，越来越多地融入"人"这一产城融合的重要维度（邹德玲，2019）。

5）产城融合发展实践的研究

目前，各地产城融合的实践还在探索之中。国内学者最初对产城融合发展的研究主要集中于开发区（工业园区）。在开发区发展路径研究中，开发区与母城的关系是最主要的问题，这是由于开发区在区位上远离母城所导致的。投资商更希望企业融入城市结构中，因此开发区依托母城发展具有一定优势，可有效吸引企业投资、减少开发成本、利用母城资源。但是，如果开发区与母城的关系过于紧密，就会使开发区过度依赖母城，导致开发区发展及城市功能双重受限。在对天津滨海新区的研究中，邢海峰（2003）提出新城空间结构一体化包括三个过程，这三个过程螺旋式上升，不断推动新城空间结构一体化。从进化的角度，王慧（2009）提出开发区与母城关系的四个阶段：成型期、成长期、成熟期、后成熟期。柴彦威（2008）认为我国开发区的空间演化路径大致可分为多极触角式、连片带状式、双核式，在建设发展过程中，开发区与其周边城市或区域的协调融合是开发区空间演变形式的表现。蒋祎宁（2014）认为开发区产城整体形成紧凑的块状扩展结构，在空间上呈现出以城市中心为核心、向周围逐步扩展的态势，开发区的高速建设带动整个城市的产业和经济发展。

国内学者试图从优化城市空间和社会网络、建设基础设施、产业结构提升等方面入手，探索产城融合对策。李学杰（2012）从城市特色产业优势的角度，提出加快产业区的功能化建设，加快城市基础设施建设，推动产业结构转型，促使城市相关规划更好地衔接。孔翔、杨帆（2013）基于对江苏昆山的实地调研，提出构建多元文化融合的社会网络，开发区产城融合需要注重社会空间与产业空间的相互演变过程，促进人口结构的优化。杜宁（2013）强调产业和空间两类目标对象必须分别进行引导，使其共同发展，从空间和产业两个方面对开发区的产城融合提出建议。

新型工业化发展为产业城镇的发展带来了多重契机，一方面促使劳动力向高新区集聚；另一方面促使居民居住点和人口转移的空间集聚，提升了城市化发展质量（刘瑾，2012；梁浩，2013）。新型城镇化和新型工业化在空间结构及产业结构上动态调整，实现"两化"互动，是区域经济转型发展的关键路径，是产城融合发展的必然选择（宋加山，2016）。

通过产业链的延伸，以产业集群带动城区发展，以地方产业为特色形成产业集群，产业集聚带动人口集聚，同时加快城市规模的扩大，进而促进餐饮服务业的发展（黄新建，2012；秦智，2013）。以综合服务功能带动产城发展，产城融合的统筹布局至关重要，统筹规划建设生态景观及园林绿地系统，统筹构建基础设施体系及道路交通体系，创建居住园区与工业园区协调一致的生态发展格局（张道刚，2011；蒋华东，2012）。通过创新推动现代产业、新兴产业、高端服务业等现代化产业的发展，实现产城融合，提升城市竞争力（刘明，2011；殷德生，2014）。

黄亮（2016）以上海市虹桥商务区为例展开研究，提出了虹桥商务区产城融合的发展模式——城市副中心模式，分阶段推进、分步骤强化区域统筹与管理。产业区产城融合发展是促进城乡一体化发展与城市空间结构优化、推动园区功能升级的重要途径。城市副中心模式产城融合发展路径将极大地提升虹桥商务区的综合服务能力。

杨雪锋（2016）认为以人为核心的城市要素整合是产城融合的路径。一方面，在城市群之间或者城市内部进行分级，需要处理好城市的内外部关系，明确不同能级的城市功能；另一方面，需要提高城市主导产业的再生能力以及城市的多业态融合，促进城市人力资本集聚。产城融合的最优状态是实现公共服务立足城和地两大要素的空间均衡配置，同时还应该根据不同层级区域发展的实际情况，为地方小城镇、产业开发区和城市核心区等提供不同级别的配套公共服务，实现城市单元内部的产城融合。

基于多个产城融合规划案例，李文彬、陈浩（2012）提出寻求区域合作发展、认清地区发展阶段、在培育中提升活力、优化结构完善设施等产城融合导向的城市规划建议。借鉴成都、上海、苏州等地的发展经验，刘畅、李新阳等（2012）提出打造新区中心产城融合的具体实施路径。

产城融合背景下，我国中西部地区经济发展的"双引擎"是产业转移和工业园区建设的重中之重。为使政企协作、同步推进产城融合的路径成为可能，需要将短期利益导向转变为长期利益导向（陈佶玲，2017）。相对于资本偏向的补贴支出而言，产城融合程度低的城市改善城市区位条件更能提高产业集聚效率；相对于改善城市区位条件而言，产城融合程度高的城市资本偏向的补贴支出越能提高产业集聚效率（丛海彬，2017）。

颜丙峰（2017）提出在推进产城融合进程中要多规合一，推进产城功能的空间互动；以产兴城，打造产城融合经济引擎；以城促产，夯实产城融合的功能载体；制度创新，实现产城融合的绿色发展；均衡权益，提升产城融合发展的质量与高度。张建清（2017）提出促进城市机会平等，建议消除资源配置中的行政等级观念；优化城市布局和形态，培育核心城市辐射带动能力；统筹城乡基本公共服务体系。

黄桦（2018）提出山西省开发区产城融合的实施路径为：宏观层面上，在空间上实现产业与城市共荣；中观层面上，在发展上实现生产与生活共促；微观层面上，在功能上实现居民与环境共生。唐世芳（2020）提出在新型城镇化进程中，空间布局应灵活规划，以产业、居住及服务平衡为核心，合理配置各要素，打造功能互补、互相衔接的城市空间体系；加快特色小镇建设，助推新型城镇化发展；完善城市功能，加快配套设施建设，是实现产城融合的重要保障；坚持改革创新，为产城融合提供不竭动力。

1.2.3 国内外研究述评

虽然社会各界都高度关注产城融合发展，但由于产城融合涉及多方面，缺乏切实有效的机制、政策和措施，目前对于产城融合还没有形成系统化研究，对概念、内涵和测度评价研究较多，对产城融合发展机理、路径的策略实施研究较少。同时，探讨产城融合的内涵时，往往忽视产城融合的提出背景，在"产"和"城"的理解等问题上存在一定分歧；探讨产城融合的研究对象时，区域选择以东部或中部地区为主。因此，本书以新疆为研究对象，加强对产城融合的定量分析，测算评价产城融合的发展情况，并从空间结构、产业选择、功能布局等方面进行规划探索，提出产城融合发展的规划思路。

1.3 研究思路与方法

1.3.1 研究思路

在对相关概念进行界定和理论分析的基础上，首先分析新疆产城融合发展的现实基础，构建指标体系，测度新疆产城融合发展水平，并进行时空变动与空间差异类型分析；其次构建面板数据模型和门槛效应模型，研究新疆产城融合发展的影响因素，对新疆不同区域层次的产城融合发展路径进行分析，并进一步研究不同空间类型产城融合发展的路径选择；最后提出产城融合发展路径的保障措施。本书技术路线图如图1-1所示。

1.3.2 研究方法

（1）规范分析与实证分析相结合。新疆产城融合发展和新疆产城融合路径选择是本书研究的两个关键问题。新疆产城融合发展分析（水平测度、影响因素）主要采用实证分析，新疆产城融合发展路径（不同区域层次、不同空间类型）的提出主要是规范分析。

```
┌─────────────────────────────────┐
│      文献及相关资料的收集和整理      │
└─────────────────────────────────┘
                 ↓
┌─────────────────────────────────┐
│        相关概念界定及理论分析        │
└─────────────────────────────────┘
```

相关概念界定	产城融合相关理论基础	产城融合的动因及内在机理

```
┌─────────────────────────────────┐
│       新疆产城融合发展的现实基础      │
└─────────────────────────────────┘
```

新疆产城融合发展的产业基础	新疆产城融合发展的城镇基础	新疆产城融合发展存在的问题

```
┌─────────────────────────────────┐
│    新疆产城融合发展水平的测度与综合评价  │
└─────────────────────────────────┘
```

新疆产城融合综合评价指标体系的构建	新疆产城融合发展水平综合评价	新疆产城融合进程中"产""城""人"协同演化

```
┌─────────────────────────────────┐
│       新疆产城融合影响因素分析        │
└─────────────────────────────────┘
```

新疆产城融合发展影响因素通径分析	新疆各地州（市）产城融合发展影响因素实证分析	新疆各县级市产城融合发展影响因素实证分析	新疆县域产城融合发展影响因素实证分析

```
┌─────────────────────────────────┐
│   新疆不同区域层次产城融合发展的路径分析  │
└─────────────────────────────────┘
```

新疆产城融合发展路径选择的四分图矩阵分析	新疆不同区域层次产城融合发展的路径选择分析	新疆泛县域经济产城融合发展路径分析

```
┌─────────────────────────────────┐
│   新疆不同空间类型产城融合实现的路径选择  │
└─────────────────────────────────┘
```

新疆产城融合发展的目标取向	国内产城融合实践经验及对新疆的借鉴	新疆不同空间类型产城融合发展的路径选择

```
┌─────────────────────────────────┐
│     新疆产城融合发展路径的保障措施     │
└─────────────────────────────────┘
```

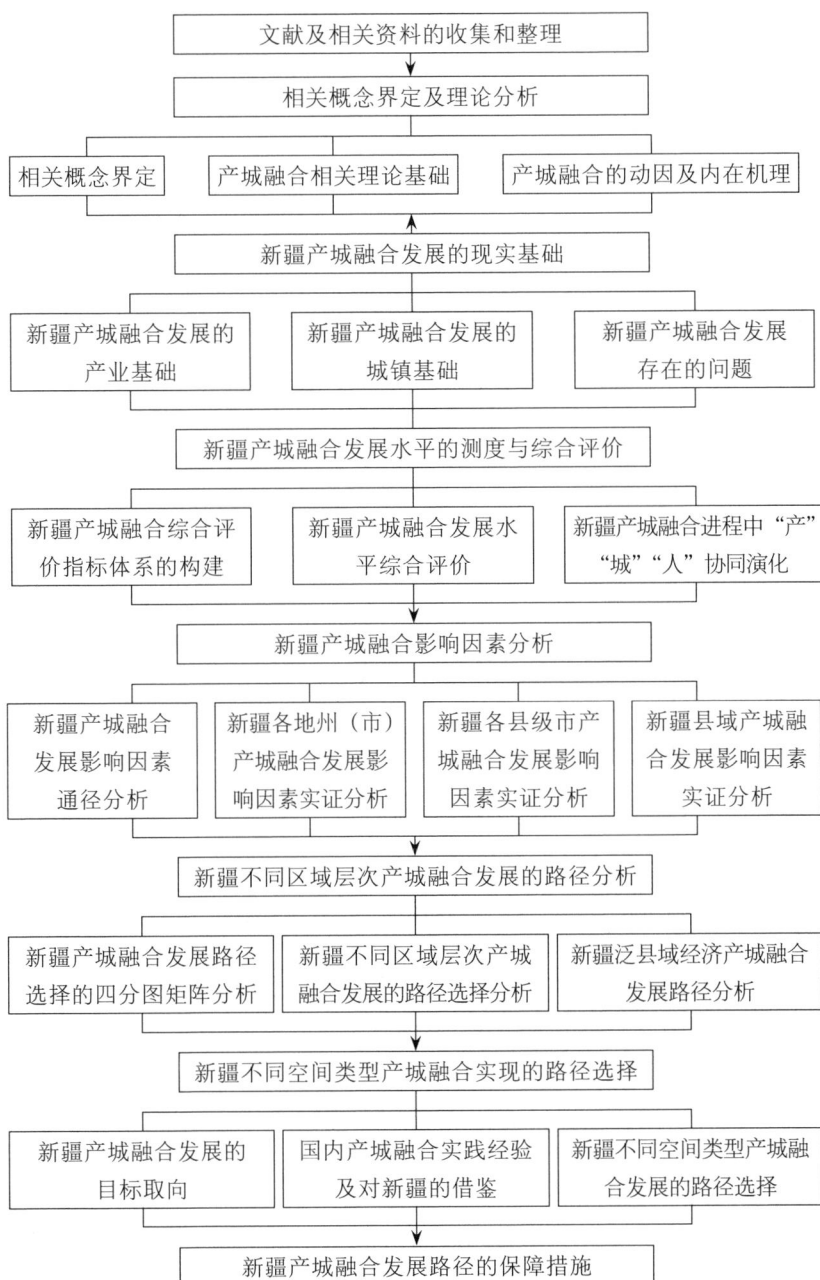

图 1-1　本书技术路线

（2）比较分析法。产城融合发展本身就是一个比较性很强的概念，所以在研究过程中，本书从各地州（市）、各县级市、各县域层面对新疆产城融合发展水平进行时空差异比较分析。

（3）静态分析法与动态分析法相结合。产城融合发展是一个动态的过程，既要了解某一阶段产城融合发展水平，也要了解随着时间的变动产城融合发展水平的变动。本书综合运用静态分析法和动态分析法对新疆产城融合发展水平进行研究。

1.4　研究内容

本书内容共9章，第1章为绪论，第9章为结论和展望。第2至8章，首先，进行相关概念界定及理论分析；其次，以新疆维吾尔自治区为例，分析产城融合发展的现实基础，构建产城融合综合评价指标体系，从整体层面、地州（市）层面、县级市层面、县域层面测度产城融合发展水平，并进行时空变动与空间差异类型分析，进而研究整体层面、地州（市）层面、县级市层面、县域层面产城融合发展的影响因素；再次，对不同区域层次产城融合发展的路径进行分析，基于产城融合目标取向、基本原则与国内经验借鉴，提出不同空间类型产城融合实现的路径选择；最后，提出保障措施。具体如下：

第2章，相关概念界定及理论分析。该部分是本书的基础，首先对本书涉及的相关概念进行界定；其次阐述本书涉及的主要理论，包括区位理论、产业集聚理论、二元结构理论和可持续发展理论等；最后从宏观层面、中观层面、微观层面三个层面分析产城融合的动因，从"产城互动""产人互动""城人互动"三方面分析产城融合的内在机理。

第3章，新疆产城融合发展的现实基础。该部分主要从产城融合涉及的"产业"和"城镇"两个作用主体来分析。首先从产业布局情况、产业结构调整态势、产业技术水平三个方面分析新疆产城融合发展的产业基础；其次从城镇化总体格局、城市基础设施建设、人口与经济一致性三个方面分析新疆产城融合发展的城镇基础；最后分析新疆产城融合发展中存在的问题。

第4章，新疆产城融合发展水平的测度与综合评价。该部分首先从产业支撑、城市功能和人本导向三个方面科学、合理地构建评价指标体系；其次从总体、各地州（市）、县级市和县域四个方面对新疆产城融合发展水平进行综合评价；最后分析新疆产城融合进程中"产""城""人"的协同演化。

第5章，新疆产城融合发展影响因素分析。该部分基于新疆产城融合发展存在的主要问题，结合新时期新疆经济社会发展特征，从新的视角出发对新疆产城融合的影响因素进行分析，找出新疆产城融合发展的主要影响因素，构建面板数据模型，从总体、各地州（市）、县级市和县域四个方面对影响因素进行实证分析。

第6章，新疆不同区域层次产城融合发展的路径分析。首先，根据产城融合发展水平，将各区域层次划分为转化区、扶持区、整改区和优化区四种类型；其次，分析不同区域层次（各地州（市）、县级市、县域）的产城融合发展路径的选择；最后，在新疆县域经济发展不强、资源有限的前提下，进一步对新疆泛县域经济产城融合发展路径进行分析。

第7章，新疆不同空间类型产城融合实现的路径选择。为更好地分析新疆产城融合发展路径选择问题，该部分基于不同区域层次的相同性，提出新疆不同空间类型产城融合实现的路径选择。首先，提出新疆产城融合发展的目标取向和基本原则；其次，分析国内产城融合实践经验及对新疆的借鉴意义；最后，提出新疆不同空间类型产城融合实现的路径选择。

第8章，新疆产城融合发展路径的保障措施。该部分从财政支持、金融支持、政策支持、人才支持四个方面提出新疆产城融合发展的保障措施。

1.5　创新之处

本书的创新有以下几点：

（1）产城融合作用机理的研究。目前对于产城融合的研究主要停留在对概念、内涵和发展方式的探讨上，对测度及实施策略等理论与实践问题的研究也逐步展开，但对产城融合作用机理的研究较少，还没有形成系统化研究成果。本书构建产城融合理论模型，从"产城互动""产人互动""产城协调"等方面阐明产城融合的作用机理。

（2）产城融合中"产""城""人"协同演化的研究。以往产城融合发展的定性研究更多地关注产城融合发展水平的测度及对影响因素的分析，而忽略了产城融合中"产""城""人"协同演化的研究。产城融合可以视为一个由"产""城""人"三个子系统构成的耦合系统，在随机涨落的触发下，系统可以通过突变进化到新的更有序的结构。本书运用哈肯模型对系统内部不同状态参量相互作用的演化过程进行分析，识别出系统的序参量，揭示"产""城""人"协同演化机制。

（3）基于四分图管理矩阵的产城融合发展路径分析。本书从产城融合综合度和产城融合耦合度两个维度构建四分图管理矩阵，并据此将各区域层次划分为转化区、扶持区、整改区和优化区四种类型，以此分析新疆不同区域层次产城融合发展路径。发展路径主要包括"产""城""人"补短板、"产""城""人"协同演化、"产""城"

"人"提质增效等重点任务。

（4）土地出让产业偏向对产城融合发展影响研究。城镇化往往具有较为明显的行政主导色彩，由于政府垄断公共基础设施建设和产业发展需要土地这一要素，本书基于土地出让视角，构建面板数据模型，探讨土地出让产业偏向对新疆产城融合发展的影响，检验土地出让的产业偏向是否促进了产城融合发展，发现相对于"筑巢引凤"来说，"引凤筑巢"更适合新疆产城融合发展。

第 2 章

相关概念界定及理论分析

2.1 相关概念界定

2.1.1 产城融合

由于研究视角的差异，学术界对"产城融合"未形成统一的概念描述，但核心思想都在寻求产业和城市的共同发展与有机融合。本书把产城融合界定为：综合考虑城镇承载力、可持续发展和产业空间结构，同时关注人的发展，使产业发展与城镇功能相匹配，推动城镇功能更新提升和产业结构优化升级，形成产业发展与城镇功能优化的协同共进，以"人"为连接点实现"产""城"协同互促的良性互动过程。

如图2-1所示，推进产城融合的六大要素是产、城、人、地、居、业，其中"人"是核心，产""城""地""居""业"为改善人的生活和生产条件提供支持。以"人"为链接点的"产"与"城"相互促进，人是产业发展和城市存在的核心要素，这是由城市更好地满足人的需求的本质决定的。土地是人类生产和生活的重要参与要素，是产业和城市发展的载体。

2.1.2 产城融合发展路径

路径即道路，是事物从一种状态到另一状态所经历的过程。产城融合是一个复杂的过程，需要统筹区域内地、业、居、产、城、人六大要素，落实科学的城市规划，产业定位要科学合理，培育产城融合的产业支撑能力，避免城市化建设中的盲目性，实现人、产业、城镇发展的良性互动。

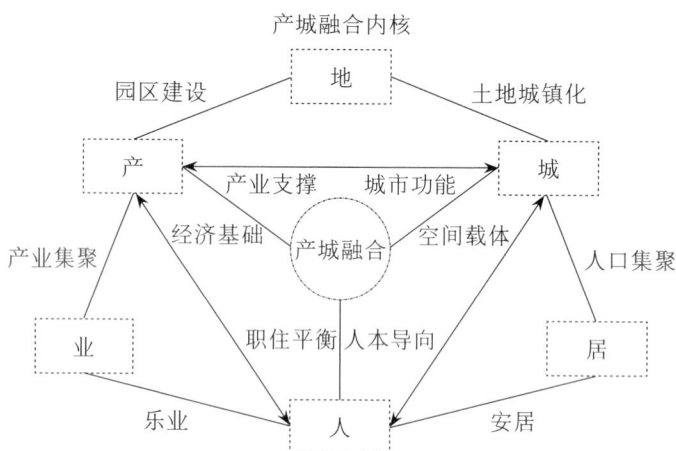

图 2-1 产城融合内核

　　狭义的产城融合发展路径是推动产城融合发展所采取的方法，指产城融合的实现途径或方式。如图 2-2 所示，产城融合一般经历三个发展阶段：第一阶段是产城融合发展的初期，城市为产业和人的发展提供基础条件，产业为城市和人发展提供动力和保障，人为城市和产业的发展注入活力；第二阶段是"产城人互促"阶段，城市的加速发展刺激了产业转型升级和人的流入，产业和人口集聚效应同时也促进城市功能的完善；第三阶段是"产城人融合"阶段，这也是城镇化发展较为高级的阶段，表现为城市、产业和人的协同融合发展。

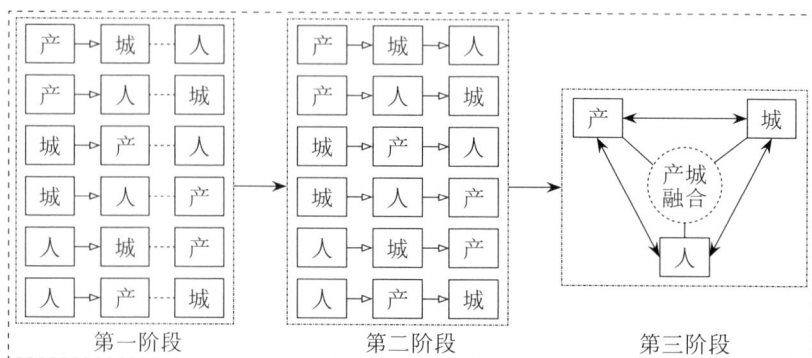

图 2-2 狭义的产城融合发展路径

广义的产城融合发展路径是指产城融合的发展目标、战略方向、实现途径及相关方针政策的集合，如图2-3所示。产城融合发展离不开各种发展因素的影响与作用，各因素驱动城市和产业在整个结构体系中协调运行。产城融合发展路径的选择涉及经济实力、城市化水平、产业要素、发展环境等方面因素，并不是一个地区产城融合发展的简单定位问题。因素差异性和因地制宜是产城融合发展路径选择的关注点，目的是形成区域之间协同互促发展模式。

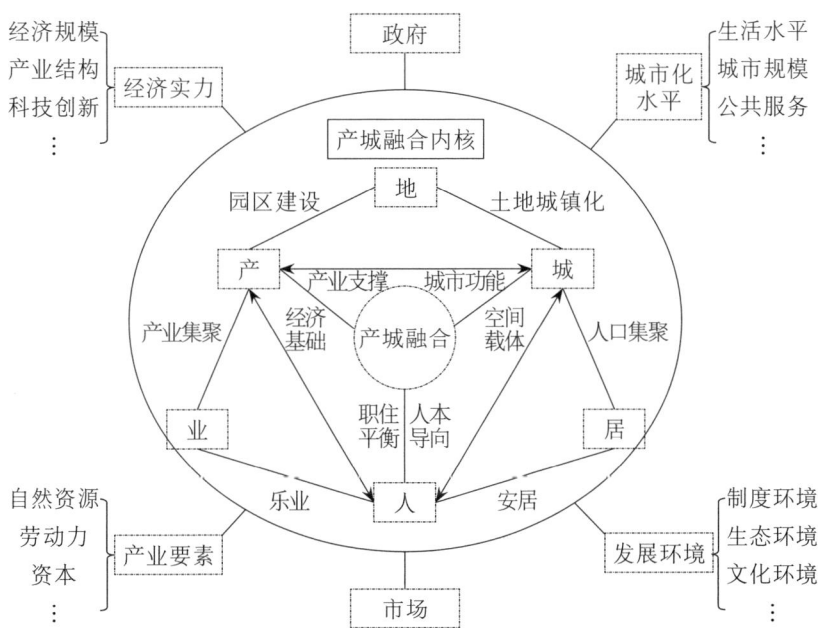

图2-3 广义的产城融合发展路径

本书中的产城融合发展路径是指通过某种方法或方法的集合推动新疆不同区域的产城融合进程，以提升新疆城镇化质量。从全局视角出发，基于不同城市发展状况、资源禀赋状况以及所处发展阶段的特征，合理规划产城融合发展所需的产业和公共配套服务设施，因地因时选取适合地区产城融合发展的路径，及时调整产业结构的发展方向以及新老城区衔接等问题。从不同区域层次视角来看，不同区域层次所具备的因素或条件的特性决定了不同的产城融合发展路径选择，因此在分析不同区域层次产城融合发展路径选择时，应考虑不同区域的经济发展基础、产业结构、城市空间布局的差异，协调各区域之间的产城融合发展速度。从不同空间类型视角来看，不同城市类型的表现特征不同，产业发展和城镇化发展重心也不同，这些应该被充分考虑。产城融合发展路径的选择应深入分析产城融合的变动趋势与原因，同时适度考虑空间均衡。

2.2 理论基础

2.2.1 区位理论

工业区位理论在德国经济学家韦伯（Alfred Weber）的《区位的纯粹理论》一书中首次被提出。工业区位理论认为，最低的劳动力和运输成本是企业区位选择应考虑的基本因素，区位还会影响城市的产业选择、产业规模，城市和产业最初的发展都是从区位较好的地域开始的。农业区位论在德国经济学家杜能（Johann Heinrich von Thunen）的《孤立国》一书中最早被提出，农业区位论认为，在农业生产中，距离城市市场远近的不同会导致不同距离的农业生产成本存在空间上的差异，也就是说，区位的不同抑或地理位置的不同会影响生产成本，同时也会对地租产生影响。

韦伯和杜能分别从工业角度和农业角度分析了区位对产业发展的重要性。其中，工业区位理论从运输成本等方面提出工业布局的重要性，将工业发展与城市发展联系起来，为工业和城市的协同演进提供了优化方案。农业区位论虽然主要从农业角度考量，具有一定的局限性，但是对城镇周边产业的布局和发展以及城镇与产业协同演进仍然具有一定的启示意义。产业的空间布局抑或产业的集聚发展离不开区位选择，同时城镇化的推进会对区位条件产生重要的影响。城镇区位优势越明显，对城镇化的推动作用越强。

2.2.2 产业集聚理论

韦伯首次提出"聚集"的概念，他从工业活动的区位角度建立了工业区位理论，对工业地理集中的原因作了深入分析，认为区域因素和聚集因素是影响工业产业区位的重要原因。

最早研究产业集聚理论的是新古典经济学家马歇尔（Alfred Marshall），他开创性地定义了"地方性工业聚集"的概念，认为外部经济和规模经济是促使聚集产生的原因，这一经典研究结论成为后人研究产业集聚的理论基础之一。

哈佛商学院教授迈克尔·波特（Michael E.Porter）首次提出"产业集聚"这一概念，从企业竞争力的视角来研究产业集聚现象。他认为产业集聚能够提高企业竞争力，促进技术创新，进而提高生产效率，强调政府产业政策对产业发展的重要性；竞争是造成产业空间集聚的原因，因为产业集聚是产业竞争优势的重要来源。

美国经济学家保罗·克鲁格曼（Paul R.Krugman）基于收益递增理论，以新经济地理学的垄断竞争分析框架为基础，建立了"中心-外围"模型，证明了规模经济、收益递增以及运输成本和需求之间的相互作用，揭示了地理集聚的内在运行机制。行业地理集聚受到市场准入效应、生活成本效应、市场挤出效应三种效应的驱动。产业要素聚集于城市，形成产业要素高度集中的核心城市；随着核心城市经济要素高度集中，其经济扩散效应和辐射效应显现，促进了各要素在地域之间的流动，使各产业之间、地域之间的联系更加密切。城市群在产业之间的联系与分工基础上的聚集形成。

2.2.3 二元结构理论

1）古典二元结构理论

二元结构理论源于刘易斯（William Arthur Lewis）对发展中国家二元经济结构的研究，为城镇化理论的发展奠定了基础。刘易斯的二元结构理论，假定劳动力无限供给，仅有资本主义部门和非资本主义部门。该理论准确、系统地描述了发展中国家存在的二元经济结构特征及发展过程：一方面，传统农业部门存在大量的剩余劳动力，而现代工业部门不存在剩余劳动力，传统农业部门的剩余劳动力不断地向现代工业部门转移；另一方面，现代工业部门拥有较强的资本积累和技术进步能力，从而能够不断扩张并吸纳更多的传统农业部门的剩余劳动力，最终达到传统农业部门和现代工业部门的劳动生产率相等的理想状态。

费景汉（John C.H.Fei）和拉尼斯（Gustav Ranis）修正了刘易斯二元结构理论中的假设，认为农业生产率提高造成的农业剩余是农业劳动力流入工业部门的先决条件，把劳动力在农业和工业之间的转移分为三个阶段。费景汉–拉尼斯模型在一定程度上纠正了刘易斯二元结构理论中的要素配置缺陷，更强调农业的发展，认为农业生产率的提高是保证劳动力顺利转移和工业部门发展的必要条件，并把技术提高到与资本积累同等重要的高度。

2）新古典二元结构理论

乔根森（D.W.Jorgenson）在《农村剩余劳动与二元经济的发展》中创立了新的二元经济发展模型。乔根森模型是从刘易斯–费景汉–

拉尼斯模型不断演变和发展而得出的。乔根森否定了农业部门存在边际劳动生产率为零的剩余劳动力和工资既定的假设，更强调农业技术进步对工业部门及整个经济发展的推动作用，这使得他的经济模型更贴近现实。他认为农业剩余是工业化的关键，工业技术进步率和资本积累率是工业部门工资增长的主要因素。在乔根森模型中，农业生产函数的经济变量只有土地和劳动，技术进步是中性的，忽略了资本在生产中的作用。

托达罗（Michael P.Todaro）从城乡预期收入差异的角度解释人口在城乡之间的转移流动，研究二元经济结构的转换问题，提出预期收入差距是造成人口城乡迁移的原因。其中，预期收入差距包含收入水平和就业概率两方面。托达罗模型假定，农业部门不存在剩余劳动力，在城镇预期工资收入高于农民收入的前提下，农村劳动力向城镇转移就会持续下去。托达罗模型还假定，流入城市的农村劳动者如果找不到工作，就宁愿留在城市的非正规部门做临时工。托达罗模型忽视了传统部门本身吸纳剩余劳动力的重要作用。

2.2.4　可持续城市理论

1991 年，联合国人居署和联合国环境署在全球范围内提出并推行了"持续城市发展计划"；1994 年，欧盟发起了"欧洲可持续城镇计划"。2000 年 7 月，在柏林召开的 21 世纪城市会议把可持续城市定义为"改善城市生态、文化、政治、机制、社会和经济等方面的质量，不给后代遗留负担的城市发展模式"。在可持续发展理论的影响下，越来越多的国际组织和国家开始了城市可持续发展研究与实践。

由于研究机构和各国学者探索方向的多元化，逐渐形成了一系列可持续城市概念模型：慢速城市、紧凑城市、健康城市、宜居城市、海绵城市、包容性城市、生态城市、绿色城市、低碳城市等。虽然这些概念存在一定的差异性，但都体现了可持续城市建设的目标不仅仅关注环境保护和人类发展。可持续城市理论是超越城市自身的经济利益和价值诉求，在"地方–区域–全球""社会–自然–空间统一"等更广阔的空间范围内，满足多维度的诉求，探索人类、社会、环境、资源等方面可持续发展的理想运行模式。

2.3 产城融合的动因及内在机理分析

2.3.1 产城融合的动因分析

1）宏观层面

产城融合是在城市功能与产业功能在快速城镇化中割裂、分离问题凸显的背景下提出的，契合了城市产业空间布局与社会空间布局协调发展的内在要求。在城镇化快速推进中，规模扩大的城镇化与产业发展不匹配，由此产生的问题逐渐显现，出现了"有城无产""有产无城"的现象。从党的十八届三中全会提出"以人为本的新型城镇化"到《国家新型城镇化规划（2014—2020年）》"注重产业与城镇的功能混合，推进产城融合"，再到《中华人民共和国国民经济和社会发展第十四个五年规划和2035年远景目标纲要》"坚持产城融合、优化城市功能"，产业和城镇的协调发展受到重视，城市产业空间与社会空间匹配受到关注，产城融合发展是实现中国新型城镇化建设目标的关键一环。

2）中观层面

产城分离是城镇化与工业化发展不协调的结果。一方面，赶超型工业化战略使我国工业化取得了巨大成就，各类产业园区纷纷涌现，但产业园区内公共服务和配套设施不完善，产业园区的工人选择居住在生活服务配套完善的城区，平日往返于产业园区和城区之间。但城市发展规划和配套设施（如基础设施、公共服务）的发展具有滞后性，不能满足工业化发展的需求。另一方面，注重城市规模的传统城镇化发展模式忽视了产业的发展，存在"去工业化"和"空城"现象，使城镇发展缺少产业的支撑。这些都在一定程度上带来了城镇化进程和工业化进程的不匹配，进而衍生出一系列问题。产城发展的不同步制约了工业化和城市化的可持续发展。

3）微观层面

由于政府垄断公共基础设施建设和产业发展所需的重要因素——土地，新型城镇化具有较为明显的行政主导色彩。地方政府以城市土地面积的扩大推进土地城镇化，以达到政绩提升的目标。在新型城镇化推进中，人们在关注土地城镇化的同时，人的城镇化往往被忽视，导致城镇功能不完善，人的需求得不到满足。这造成了城镇的"空心化"，城镇的发展缺少可持续发展的动力，不利于新型城镇化的推进。产城融合是以人为本，形成产城良性互动，达到新型城镇化的可持续发展。只有重视人的发展，注重产城有效互动，关注人的居住环境、就业收入、社会保障和获得感等方面的提升，才能实现"产""城""人"的协调发展。

2.3.2 产城融合的理论分析

借鉴谢呈阳、胡汉辉（2016）的研究，把产城融合中"产""城""人"要素抽象出来。"产"即工业，是产业的重要组成部分；"城"即服务业与住宅，是城市功能的主要供给载体，也是"产"中服务业的组成部分;"人"即劳动力,是城市功能的直接需求方,也是产业发展的投入要素。

假设:(1)有 A 和 B 两个地区,每个地区由工业品部门和服务部门组成。

(2)劳动力不会轻易在行业间流动,工业和服务业的工资存在差异。劳动力效用最大化是按照自身收入水平通过消费地区间不能自由贸易的住宅、服务产品和自由贸易的工业品来实现的。

(3)劳动力的效用函数为 $U = C_m^a C_c^b C_h^c$,劳动力在服务、工业品和住房上的花费占收入的比重用 a、b、c 表示,$a + b + c = 1$。

整个社会的总劳动力为 L,从事工业品生产的劳动力份额为 μ,则从事服务业的劳动力份额为 $1 - \mu$,地区间的商品运输费用为 t。假定地区 A 从事工业品生产的劳动力占本行业总劳动力的比例为 λ,从事服务业的劳动力占本行业总劳动力的比例为 γ,则地区 B 相对应的比例分别为 $1 - \lambda$ 和 $1 - \gamma$。设定工业品之间的替代弹性为 e_m,服务之间的替代弹性为 e_s,工业部门和服务业部门用下标 m 和 s 表示,W 表示工资率,地区 A 和地区 B 的总收入可以分别表示为:

$$Y_1 = \mu \lambda W_{1m} + (1 - \mu) \gamma W_{1s}$$

$$Y_2 = \mu (1 - \lambda) W_{2m} + (1 - \mu)(1 - \gamma) W_{2s}$$

求解两个地区工业品和服务的价格指数。

假设代表性厂商 i 的生产函数为:

$$l_i = \alpha + \beta x_i$$

其中:l_i 表示劳动投入量;x_i 表示产量。

根据成本加成法,商品 i 的价格为:

$$p_i = e_m \beta w_i / (e_m - 1)$$

在本地销售的由本地生产的工业品价格和附加运输成本 t 的外地生产的商品价格决定了地区工业品价格指数。据此,两个地区的工业品价格指数分别为：

$$I_{1m} = [\lambda W_{1m}^{1-e_m} + (1-\lambda)(tW_{2m})^{1-e_m}]^{1/(1-e_m)}$$

$$I_{2m} = [\lambda(tW_{1m})^{1-e_m} + (1-\lambda)W_{2m}^{1-e_m}]^{1/(1-e_m)}$$

设定地区 A、B 的运输成本无穷大，服务难以跨地区交易，两个地区服务价格指数分别为：

$$I_{1s} = (\gamma W_{1s}^{1-e_s})^{1/(1-e_s)}$$

$$I_{2s} = [(1-\gamma)W_{2s}^{1-e_s}]^{1/(1-e_s)}$$

两个地区实际工资率相等（此时两个地区劳动力效用相等）时，模型达到均衡，可表述为：

$$W_{1m}/I_{1m}^a I_{1s}^b I_{1h}^c = W_{2m}/I_{2m}^a I_{2s}^b I_{2h}^c$$

$$W_{1s}/I_{1m}^a I_{1s}^b I_{1h}^c = W_{2s}/I_{2m}^a I_{2s}^b I_{2h}^c$$

其中：I_{1h} 和 I_{2h} 分别表示地区 A 和地区 B 的房价指数，可衡量地区住宅市场的繁荣程度。

由于两个地区劳动力的分布形态就是产业的分布形态，设两个地区工业和服务业的比例分别为 n_{1m}/n_{2m} 和 n_{1s}/n_{2s}，则有：$n_{1m}/n_{2m} = \lambda/(1-\lambda)$，$n_{1s}/n_{2s} = \gamma/(1-\gamma)$。

根据研究思路，分析由均衡点展开。对于工业部门，可得：

$$
\begin{aligned}
W_{1m}/W_{2m} &= I_{1m}^a I_{1s}^b I_{1h}^c / I_{2m}^a I_{2s}^b I_{2h}^c \\
&= \left[\frac{\lambda W_{1m}^{1-e_m} + (1-\lambda)(W_{2m}t)^{1-e_m}}{\lambda(W_{1m}t)^{1-e_m} + (1-\lambda)W_{2m}^{1-e_m}} \right]^{\frac{a}{1-e_m}} \left[\frac{\gamma W_{1s}^{1-e_s}}{(1-\gamma)W_{2s}^{1-e_s}} \right]^{\frac{b}{1-e_s}} \left[\frac{I_{1h}}{I_{2h}} \right]^c \quad (2-1)
\end{aligned}
$$

令 $a/(1-e_m) = \varepsilon_m$，$b/(1-e_s) = \varepsilon_s$，$T = t^{1-e_m}$，可得：

$$
\begin{aligned}
\left[\frac{\lambda W_{1m}^{1-e_m} + (1-\lambda)(W_{2m}t)^{1-e_m}}{\lambda(W_{1m}t)^{1-e_m} + (1-\lambda)W_{2m}^{1-e_m}} \right]^{a/(1-e_m)} &= \left[\frac{\lambda W_{1m}^{1-e_m} + (1-\lambda)(W_{2m}t)^{1-e_m}}{\lambda(W_{1m}t)^{1-e_m} + (1-\lambda)W_{2m}^{1-e_m}} \right]^{\varepsilon_m} \\
&= \left[\frac{\frac{\lambda}{1-\lambda}\left(\frac{W_{1m}}{W_{2m}}\right)^{1-e_m} + T}{\frac{\lambda}{1-\lambda}\left(\frac{W_{1m}}{W_{2m}}\right)^{1-e_m} T + 1} \right]^{\varepsilon_m} \quad (2-2)
\end{aligned}
$$

对 (2-2) 式在 $\frac{\lambda}{1-\lambda} = 0$，$\frac{W_{1m}}{W_{2m}} = 1$ 处进行二阶泰勒展开，可得：

$$\left[\frac{\lambda W_{1m}^{1-e_m}+(1-\lambda)(W_{2m}t)^{1-e_m}}{\lambda(W_{1m}t)^{1-e_m}+(1-\lambda)W_{2m}^{1-e_m}}\right]^{a/(1-e_m)}=\left[\frac{\dfrac{\lambda}{1-\lambda}\left(\dfrac{W_{1m}}{W_{2m}}\right)^{1-e_m}+T}{\dfrac{\lambda}{1-\lambda}\left(\dfrac{W_{1m}}{W_{2m}}\right)^{1-e_m}T+1}\right]^{e_m}$$

$$=T^{e_m}+\varepsilon_m T^{e_m-1}(1-T^2)\frac{\lambda}{1-\lambda}$$

$$=T^{e_m}\left(1+\frac{\varepsilon_m(1-T^2)}{T}\frac{\lambda}{1-\lambda}\right) \quad (2-3)$$

将（2-3）式代入（2-1）式可得：

$$W_{1m}/W_{2m}=T^{\varepsilon_m}\left(1+\frac{\varepsilon_m(1-T^2)}{T}\frac{\lambda}{1-\lambda}\right)\left[\frac{\gamma W_{1s}^{1-e_s}}{(1-\gamma)W_{2s}^{1-e_s}}\right]^{b/(1-e_s)}\left[\frac{I_{1h}}{I_{2h}}\right]^c$$

$$\ln(W_{1m}/W_{2m})=\varepsilon_m\ln T+\ln\left(1+\frac{\varepsilon_m(1-T^2)}{T}\frac{\lambda}{1-\lambda}\right)+b\ln(W_{1s}/W_{2s})+$$
$$\varepsilon_s\ln(\gamma/(1-\gamma))+c\ln(I_{1h}/I_{2h}) \quad (2-4)$$

将 $\ln\left(1+\dfrac{\varepsilon_m(1-T^2)}{T}\dfrac{\lambda}{1-\lambda}\right)$ 在 $\lambda/(1-\lambda)=0$ 处进行一阶泰勒展

开，可得：

$$\ln\left(1+\frac{\varepsilon_m(1-T^2)}{T}\frac{\lambda}{1-\lambda}\right)=\frac{\varepsilon_m(1-T^2)}{T}\frac{\lambda}{1-\lambda} \quad (2-5)$$

将（2-5）式代入（2-4）式，整理可得：

$$\ln(W_{1m}/W_{2m})=\varepsilon_m\ln T+\frac{\varepsilon_m(1-T^2)}{T}\frac{\lambda}{1-\lambda}+b\ln(W_{1s}/W_{2s})+$$
$$\varepsilon_s\ln(\gamma/(1-\gamma))+c\ln(I_{1h}/I_{2h}) \quad (2-6)$$

$$\lambda/(1-\lambda)=-\frac{T}{(1-T^2)}\ln T+\frac{T}{\varepsilon_m(1-T^2)}\ln(W_{1m}/W_{2m})-\frac{bT}{\varepsilon_m(1-T^2)}\ln(W_{1s}/W_{2s})-$$
$$\frac{T\varepsilon_s}{\varepsilon_m(1-T^2)}\ln(\gamma/(1-\gamma))-\frac{Tc}{\varepsilon_m(1-T^2)}\ln(I_{1h}/I_{2h}) \quad (2-7)$$

同理，对于服务部门，可得：

$$\ln(\gamma/(1-\gamma))=-\frac{\varepsilon_m}{\varepsilon_s}\ln T+\frac{1}{\varepsilon_s}\ln(W_{1m}/W_{2m})-\frac{b}{\varepsilon_s}\ln(W_{1s}/W_{2s})-$$
$$\frac{\varepsilon_m(1-T^2)}{T\varepsilon_s}\lambda/(1-\lambda)-\frac{c}{\varepsilon_s}\ln(I_{1h}/I_{2h}) \quad (2-8)$$

地区 A 和 B 总收入上升，会带来对工业品需求量的增加，推进地区 A 和 B 工业化的发展。服务业劳动力和总产出的增加会使人们的需求层次提升，推进城镇功能的不断完善。城镇和产业的发展是生产要素在区域间流动和合理分配的过程，要素回报率的变动会改变产业结构，又通过产业演进过程中要素的流动推动城镇化发展。资源空间集聚，一方面通过要素集聚促进需求变动，推动城市的形成和产业发展；另一方面通过资源集聚效应，改善要素供给，推动产业发展和城市发展。工业的繁荣意味着工业产出的增加、对工业劳动力需求的增加、对城市服务的需求增加，进而推动城市的发展。工业的发展（即产业的发展）是城市发展的动力，产业发展（产业结构演进的过程）就是城市发展的过程。城镇化要以产业结构优化升级为动力，以产业发展为基础。产业发展充满活力，城市的内在活力也就激发起来；反过来，城市功能的完善、城市品位的提高也为产业发展提供载体保障作用。产业发展与城镇化不能脱节、分离，要有对应的匹配度。只有均衡发展，达到双向融合，才能形成互相促进的良性循环。

2.3.3　产城融合的内在机理分析

产城融合涉及"产""城""人"三个方面，通过"产、城""产、人""城、人"的有效互动，使产业发展与城镇功能有效匹配，城镇功能、产业发展使人的需求得到满足，实现城镇化发展质量、产业发展水平和居民福利的提高。

1）产城互动的作用机理

产城互动是指产业发展和城镇功能之间的有效互动。城市产业结构由低向高演进的过程是要素在产业间转移和在空间集聚的过程，进而导致城市规模的扩大和质量的逐步提升。城镇化的发展及城市规模和集聚效益的增大，会促进这些要素向城市流动、转移和集聚，为产业升级提供更好的空间支持。

产业集群促进了企业的集中，有利于实现外部规模经济和外部范围经济，为城市的结构完善和功能提升提出了更高的要求，会促进城市规模的进一步扩大、空间结构的调整、服务功能的完善。随着城镇化的不断推进，城市的规模在不断扩大，在城市规模达到一定程度之前，城市的空间集聚效应能有效地促进产业结构的演进。产业发展就是产业结构的演进，是城市化发展的重要动力。城镇化要以产业发展为基础，以产业结构优化升级为动力；反过来，城镇化也要为产业发展提供载体保障。

2）产人互动的作用机理

产人互动是指产业发展和人之间的有效互动。产业发展往往带来就业人数的增加和就业者收入水平的提高，以及城镇公共设施和公共服务的完善，增强了人口向城镇流动的吸引力。同时，城镇人口的增加又为产业发展提供了劳动力和市场空间。根据霍夫曼定理、配第-克拉克定理等理论，产业结构的演进一般遵循"农业—轻工业—重化工业—加工工业—现代服务业"的发展顺序。在以农业为主导向以轻工业为主导的转变过程中，由于轻工业是以劳动密集型为主要特征的产业，它能够吸纳大量的农村剩余劳动力就业，因此轻工业的发展带动了城市规模扩大和人口数量快速增加，与此相对应的生活服务业会得到较快的发展。在以重化工业为主导的经济发展阶段，由于主导产业具有资金密集型的特征，一方面，其吸纳的劳动力数量较为有限，对就业的贡献偏小；另一方面，这些产业能创造更高的利润，从而显著提高居民的人均收入，带动消费水平的快速提高，引发相关的生产服务业快速发展。产业发展的过程其实就是产业重心从自然资本到金融资本再到人力资本逐次递进的过程，产业发展提高区域发展水平，扩大城市的人口规模，进而推动城市的发展。

3）城人互动的作用机理

城人互动是指城镇功能完善、功能空间匹配有效、空间资源利用效率高，放大了城镇集聚效应，扩大了就业规模和提高了收入水平，同时也提高了城镇居民的生活质量，使得城镇的人口吸引力进一步增强，促进了工业化和城镇化发展。生产要素"人"即劳动力，具有特殊性，一方面，劳动力是城市经济发展必不可少的生产要素；另一方面，劳动力的拥有者及其家庭也是城市潜在的居民和消费者。城市提供的公共服务，对居民生活有非常重要的作用。城市良好的公共服务为人的发展提供了良好的外部环境，有利于集聚劳动力、人才等资源。城市公共服务水平的提高，有利于提高城市居民的生活质量，有利于城市人口素质的提高，还关系到城市居民的劳动效率。城乡之间的收入差距和公共服务水平差距是农村剩余劳动力向城市转移的根本原因。农村人口向城市的迁移是农村剩余劳动力向城市转移带动的，这种人口的迁移先是一个家庭的少数劳动力到城市就业，然后是夫妻双方共同到城市就业和生活，最后是包括孩子、父母在内的整个家庭迁入城市。城市公共服务规模的扩大、功能的完善以及居民收入水平的提高，对提升居民生活水平和生活幸福感具有重要作用，使城市的人口集聚功能具有较强的吸引力。因此，产业发展在促进生产要素流动的过程中也带动了人口向城市的转移和集聚，促进了人力资本的积累。

第 3 章

新疆产城融合发展的现实基础

3.1 新疆产城融合发展的产业基础

3.1.1 产业布局情况

1）产业布局概况

目前，新疆初步建成了我国能源战略大通道，正在建设"五大中心"、"三基地三通道"和"十大进出口产业聚集区"，这成为建设丝绸之路经济带核心区的基础。新疆现有经济技术开发区、高新技术产业开发区、海关特殊监管区域、边境/跨境经济合作区等国家级开发区23个，其主导产业包括先进制造、商贸物流、新能源、新材料、煤电、煤化工、煤电冶、服装纺织、石化、电力、建材、纺织、冶金、食品、天然气化工、农副产品加工、食品饮料、电子信息、生物医药等；新疆有乌鲁木齐市水磨沟工业园区、克拉玛依高新技术产业开发区等61个省级开发区，其主导产业包括电力、建材、木器加工、印刷、云计算、软件及系统集成、能源化工、装备制造、石油天然气化工、无机盐化工、煤炭、盐化工、新能源、黑色金属矿采选、有色金属冶炼加工、煤化工、农副产品加工、精细化工、纺织、化纤、石材等。具体情况见附表1和附表2。

2）产业布局区位熵分析

我们运用区位熵分析新疆各地州（市）和各县级市产业布局情况。区位熵（LQ）由哈盖特首先提出并用于区位分析中，是用来衡量生产地区集中度的指标。计算公式如下：

$$LQ_{ij} = \frac{q_{ij}/q_j}{q_i/q}$$

其中：q、q_j、q_{ij} 分别为更高区划范围内、j 地区和 j 地区的 i 产业的产业相关指标；LQ_{ij} 就是 j 地区的 i 产业在全国的区位熵，区位熵的高低决定了地区产业集聚水平的高低。

（1）新疆各地州（市）产业布局分析

2018 年新疆各地州（市）各产业区位熵及经济规模见表 3-1。2018 年，在新疆 14 个地州（市）中，塔城地区第一产业区位熵最高，其次为喀什地区，克拉玛依市最低；克拉玛依市第二产业区位熵最高，其次为哈密市，和田地区最低；乌鲁木齐市第三产业区位熵最高，其次为和田地区，克拉玛依市最低；克拉玛依市工业区位熵最高，其次为哈密市，和田地区最低；乌鲁木齐市交通运输仓储和邮政业区位熵最高，其次为哈密市，和田地区最低；阿克苏地区批发和零售业区位熵最高，其次为博尔塔拉蒙古自治州，克拉玛依市最低。经济规模排名前三的地州（市）中，克拉玛依市、哈密市具有工业区位优势，乌鲁木齐市、哈密市具有交通运输仓储和邮政业区位优势，克拉玛依、乌鲁木齐市具有第一产业区位劣势。经济规模排名后三位的地州（市）中，喀什地区、和田地区具有第一产业区位优势，具有工业及交通运输仓储和邮政业区位劣势。

（2）新疆各县级市产业布局分析

2018 年新疆各县级市各产业区位熵及经济规模见表 3-2。2018 年，在新疆 17 个县级市中，阿拉尔市第一产业区位熵最高，其次为乌苏市，阿拉山口市最低；库尔勒市第二产业区位熵最高，其次为阜康市，阿勒泰市最低；阿拉山口市第三产业区位熵最高，其次为和田市，阜康市最低；库尔勒市工业区位熵最高，其次为阜康市，和田市最低；喀什市建筑业区位熵最高，其次为博乐市，阿拉尔市最低；阿拉山口市交通运输仓储和邮政业区位熵最高，其次为喀什市，库尔勒市最低；阿拉山口市批发和零售业区位熵最高，其次为喀什市，库尔勒市最低。在经济规模排名前三位的县级市中，阜康市、库尔勒市第

表3-1　2018年新疆各地州（市）各产业区位熵及经济规模

地州（市）	第一产业	第二产业	工业	建筑业	第三产业	交通运输仓储和邮政业	批发和零售业	人均GDP（元）
克拉玛依市	0.04	1.81	2.58	0.33	0.58	0.25	0.20	153 647
乌鲁木齐市	0.06	0.76	0.78	0.67	1.50	2.25	1.44	87 196
哈密市	0.55	1.49	1.37	1.74	0.71	1.18	0.84	86 805
昌吉回族自治州	1.19	1.27	1.31	1.07	0.70	0.65	0.84	83 036
巴音郭楞蒙古自治州	1.09	1.35	1.45	1.07	0.66	0.51	0.51	72 029
博尔塔拉蒙古自治州	1.39	0.67	0.40	1.38	1.17	1.01	1.79	69 259
塔城地区	2.72	0.65	0.44	1.25	0.78	0.35	0.75	53 909
吐鲁番市	1.15	1.26	1.32	1.18	0.73	0.74	0.41	49 279
阿勒泰地区	1.30	0.91	0.75	1.31	0.99	0.68	0.61	43 464
阿克苏地区	1.81	0.94	0.85	1.12	0.81	0.47	8.69	36 092
伊犁州直属县（市）	1.35	0.78	0.68	1.03	1.09	0.56	1.15	33 592
克孜勒苏柯尔克孜自治州	0.87	0.95	0.72	1.57	1.08	0.40	0.41	20 705
喀什地区	2.27	0.62	0.31	1.42	0.95	0.38	1.46	19 176
和田地区	1.62	0.44	0.21	1.11	1.30	0.18	0.79	12 094

资料来源：新疆维吾尔自治区统计局，国家统计局新疆调查总队．新疆统计年鉴2019［M］．北京：中国统计出版社，2019.

表3-2

2018年新疆各县级市各产业区位熵及经济规模

县级市	第一产业	第二产业	工业	建筑业	第三产业	交通运输仓储和邮政业	批发和零售业	人均GDP（元）
阿拉山口市	0.00	0.59	0.60	0.50	1.67	3.18	4.98	297 139
阜康市	1.05	1.56	1.62	1.23	0.50	0.37	0.74	124 816
库尔勒市	0.35	1.78	1.93	1.34	0.52	0.28	0.49	96 725
奎屯市	0.34	1.02	0.89	1.33	1.19	1.00	1.41	89 477
石河子市	0.22	1.35	1.43	1.02	0.92	0.85	1.00	83 653
霍尔果斯市	0.96	0.79	0.88	0.45	1.20	0.49	2.03	83 372
昌吉市	0.50	1.20	1.14	1.28	0.98	1.10	0.84	78 075
乌苏市	2.62	0.85	0.73	1.12	0.64	0.34	0.77	63 592
博乐市	1.40	0.72	0.38	1.67	1.12	0.43	1.00	62 007
塔城市	2.04	0.45	0.09	1.46	1.17	0.34	1.05	58 410
伊宁市	0.17	0.61	0.35	1.33	1.60	0.51	2.02	43 695
阿勒泰市	1.00	0.44	0.15	1.26	1.50	0.85	0.84	41 134
阿克苏市	0.78	0.73	0.41	1.63	1.30	0.65	2.07	37 831
阿拉尔市	3.41	0.60	0.66	0.36	0.62	0.53	0.87	30 552
喀什市	0.35	0.63	0.23	1.73	1.53	1.18	3.80	26 204
和田市	0.34	0.48	0.11	1.56	1.66	0.40	1.80	21 466
阿图什市	1.06	0.60	0.31	1.42	1.33	0.75	0.64	17 557

资料来源：新疆维吾尔自治区统计局，国家统计局新疆调查总队. 新疆统计年鉴2019 [M]. 北京：中国统计出版社，2019.

二产业具有区位优势，阿拉山口市第三产业，尤其是交通运输仓储和邮政业、批发和零售业具有区位优势。在经济规模排名后三位的县级市中，喀什市、和田市、阿图什市第二产业，尤其是工业具有区位劣势；而第三产业、建筑业具有区位优势。

3.1.2 产业结构调整态势

2000—2018年，新疆产业结构调整经历了三个阶段：第一阶段为2000—2003年，产业结构格局为"三、二、一"；第二阶段为2004—2014年，产业结构格局为"二、三、一"；第三阶段为2015—2018年，产业结构格局为"三、二、一"，如图3-1所示。

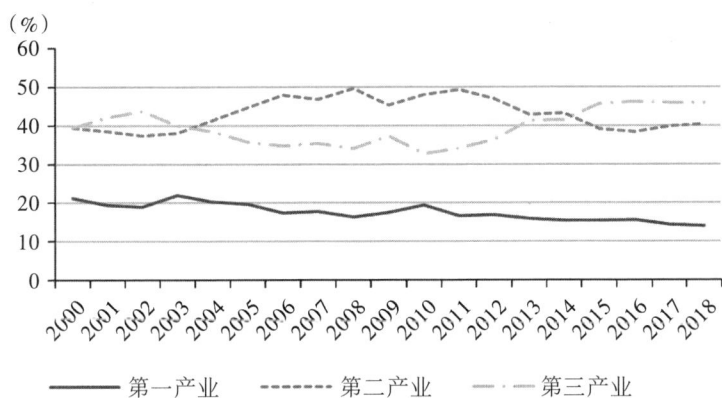

图3-1　2000—2018年新疆产业结构调整动态变化

2018年新疆各地州（市）产业结构现状见表3-3。2018年，新疆14个地州（市）中，乌鲁木齐市、伊犁州直属县（市）、阿勒泰地区、博尔塔拉蒙古自治州、克孜勒苏柯尔克孜自治州5个地州（市）的产业结构格局为"三、二、一"，克拉玛依市、吐鲁番市、哈密市、昌吉回族自治州、巴音郭楞蒙古自治州、阿克苏地区6个地州（市）的产业结构格局为"二、三、一"，塔城地区产业结构格局为"一、三、二"，喀什地区、和田地区2个地州（市）产业结构格局为"三、一、二"。

表3-3　　　　　　　2018年新疆各地州（市）产业结构现状

地州（市）	第一产业（%）	第二产业（%）	第三产业（%）	产业结构格局
乌鲁木齐市	0.8	30.6	68.6	三、二、一
克拉玛依市	0.6	72.9	26.5	二、三、一
吐鲁番市	16.0	50.6	33.4	二、三、一
哈密市	7.6	60.1	32.3	二、三、一
昌吉回族自治州	16.5	51.3	32.2	二、三、一
伊犁州直属县（市）	18.8	31.4	49.8	三、二、一
塔城地区	37.8	26.3	35.9	一、三、二
阿勒泰地区	18.1	36.5	45.4	三、二、一
博尔塔拉蒙古自治州	19.3	26.8	53.4	三、二、一
巴音郭楞蒙古自治州	15.1	54.5	30.4	二、三、一
阿克苏地区	25.2	37.8	37.0	二、三、一
克孜勒苏柯尔克孜自治州	12.1	38.3	49.6	三、二、一
喀什地区	31.6	24.8	43.6	三、一、二
和田地区	22.5	17.9	59.6	三、一、二

资料来源：新疆维吾尔自治区统计局，国家统计局新疆调查总队. 新疆统计年鉴2019［M］. 北京：中国统计出版社，2019.

2018年新疆各县级市产业结构现状见表3-4。2018年，在新疆17个县级市中，阜康市、库尔勒市、石河子市、昌吉市4个县级市产业结构格局为"二、三、一"，伊宁市、奎屯市、霍尔果斯市、阿勒泰市、博乐市、阿克苏市、阿图什市、喀什市、和田市、阿拉山口市10个县级市产业结构格局为"三、二、一"，塔城市产业结构格局为"三、一、二"，乌苏市产业结构格局为"一、二、三"，阿拉尔市产业结构格局为"一、三、二"。

表3-4　　　　　　　2018年新疆各县级市产业结构现状

县级市	第一产业比重	第二产业比重	第三产业比重	产业结构格局
阜康市	14.6	62.7	22.7	二、三、一
伊宁市	2.4	24.5	73.1	三、二、一
奎屯市	4.7	41.0	54.3	三、二、一
霍尔果斯市	13.4	31.8	54.8	三、二、一
塔城市	28.3	18.0	53.7	三、一、二
乌苏市	36.4	34.1	29.5	一、二、三
阿勒泰市	13.9	17.6	68.5	三、二、一
博乐市	19.5	29.1	51.5	三、二、一
库尔勒市	4.8	71.6	23.6	二、三、一
阿克苏市	10.9	29.5	59.6	三、二、一
阿拉尔市	47.4	24.0	28.6	一、三、二
阿图什市	14.8	24.3	60.9	三、二、一
喀什市	4.9	25.2	69.9	三、二、一
昌吉市	7	48.3	44.7	二、三、一
阿拉山口市	0	23.7	76.3	三、二、一
和田市	4.7	19.5	75.8	三、二、一
石河子市	3.1	54.6	42.3	二、三、一

资料来源：新疆维吾尔自治区统计局，国家统计局新疆调查总队. 新疆统计年鉴2019［M］. 北京：中国统计出版社，2019.

2018年新疆各县域产业结构现状见表3-5。2018年，在新疆所有县域中，鄯善县、托克逊县、巴里坤哈萨克自治县、伊吾县、玛纳斯县、奇台县、吉木萨尔县、新源县、尼勒克县、托里县、和布克赛尔蒙古自治县、富蕴县、哈巴河县、吉木乃县、若羌县、库车县①、拜城县、乌恰县、塔什库尔干县19个县域的产业结构格局为"二、三、一"，巩留县、岳普湖县2个县域的产业结构格局为"二、一、三"，呼图壁县、伊宁县、霍城县、布尔津县、青河县、焉耆回族自治县、和静县、沙雅县、柯坪县、阿克陶县、阿合奇县、和田县、洛浦县13个县域的产业结构格局为"三、二、一"，乌鲁木齐县、木垒哈萨克自治县、昭苏县、特克斯县、额敏县、裕民县、福海县、精河县、温泉县、轮台县、且末县、博湖县、新和县、乌什县、阿瓦提县、疏附县、英吉沙县、泽普县、莎车县、巴楚县、墨玉县、皮山县、策勒县、于田县、民丰县25个县域产业结构格局为"三、一、二"，疏勒县产业结构格局为"一、二、三"，察布查尔锡伯自治县、沙湾县②、尉犁县、和硕县、温宿县、叶城县、麦盖提县、伽师县8个县域的产业结构格局为"一、三、二"。

表3-5　　　　　2018年新疆各县域产业结构现状

产业结构格局	县域
二、三、一	鄯善县、托克逊县、巴里坤哈萨克自治县、伊吾县、玛纳斯县、奇台县、吉木萨尔县、新源县、尼勒克县、托里县、和布克赛尔蒙古自治县、富蕴县、哈巴河县、吉木乃县、若羌县、库车县、拜城县、乌恰县、塔什库尔干县（19个县）
二、一、三	巩留县、岳普湖县（2个县）
三、二、一	呼图壁县、伊宁县、霍城县、布尔津县、青河县、焉耆回族自治县、和静县、沙雅县、柯坪县、阿克陶县、阿合奇县、和田县、洛浦县（13个县）

---

① 注：2019年12月，经国务院批准，同意撤销库车县，设立县级库车市。以下不再注明。
② 注：2021年1月，经国务院批准，同意撤销沙湾县，设立县级沙湾市。以下不再注明。

产业结构格局	县域
三、一、二	乌鲁木齐县、木垒哈萨克自治县、昭苏县、特克斯县、额敏县、裕民县、福海县、精河县、温泉县、轮台县、且末县、博湖县、新和县、乌什县、阿瓦提县、疏附县、英吉沙县、泽普县、莎车县、巴楚县、墨玉县、皮山县、策勒县、于田县、民丰县（25个县）
一、二、三	疏勒县（1个县）
一、三、二	察布查尔锡伯自治县、沙湾县、尉犁县、和硕县、温宿县、叶城县、麦盖提县、伽师县（8个县）

资料来源：新疆维吾尔自治区统计局，国家统计局新疆调查总队. 新疆统计年鉴2019［M］. 北京：中国统计出版社，2019.

3.1.3 产业技术水平

新型城镇化主要靠技术创新和体制创新。技术创新是基础，对新疆发展而言，首要的是通过技术创新提高生产效率；而体制、商业模式等的创新则主要服务于技术创新。城市化过程也是创造财富的过程。技术创新可以提高农业现代化水平，释放农村剩余劳动力，从而解决城镇发展过程中劳动力供给不足的问题，为发展提供动力。人口从农村向城镇转移将继续为经济增长提供基础力量。以第三产业为主的经济结构有助于创造更多就业机会，也是一种更稳健、更健康的经济结构，但第三产业的发展要以第二产业为依托，避免产业空心化。

2005年新疆专利获批数为921项，其中发明专利88项；2018年新疆专利获批数为9 658项，其中发明专利923项。专利获批数年增长率19.81%，发明专利年增长率为19.82%。2005年新疆R&D经费支出为64 091万元，2018年R&D经费支出为643 134.9万元，年增长率为19.41%。2005年R&D经费支出占GDP比重为0.25%，2018年R&D经费支出占GDP比重为0.53%，2005—2018年R&D经费支出占GDP

比重呈现逐步上升趋势，如图3-2所示。

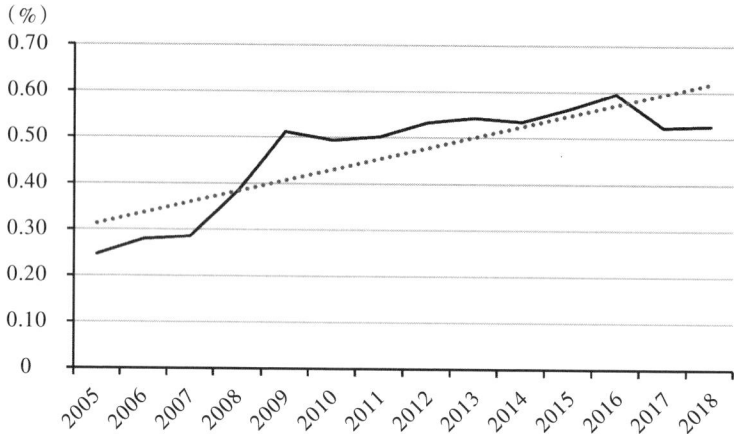

图3-2　2005—2018年R&D经费支出占GDP比重变化

2018年新疆各产业规模以上企业数量、产值、规模与生产率见表3-6。2018年，新疆规模以上企业平均全员劳动生产率为148.27万元/人，烟草制品业，石油加工、炼焦及核燃料加工业，电气机械及器材制造业，废弃资源综合利用业，有色金属冶炼及压延加工业，黑色金属冶炼及压延加工业，皮革、毛皮、羽毛（绒）及其制品业，石油和天然气开采业，电力、热力的生产和供应业，汽车制造业10个产业全员劳动生产率高于新疆规模以上企业平均全员劳动生产率；化学原料及化学制品制造业等29个产业全员劳动生产率低于新疆规模以上企业平均全员劳动生产率，其中纺织、服装、鞋、帽制造业全员劳动生产率最低，为18.35万元/人。

2018年，新疆规模以上企业平均规模为33 731.59万元，石油和天然气开采业，烟草制品业，石油加工、炼焦及核燃料加工业，有色金属冶炼及压延加工业，黑色金属冶炼及压延加工业，化学纤维制造业，电气机械及器材制造业，开采辅助活动，化学原料及化学制品制造业，汽车制造业10个产业规模以上企业规模高于新疆规模以上企业规模以上企

表3-6

2018年新疆各产业规模以上企业数量、产值、规模与生产率

行业	企业数（家）	亏损企业数（家）	工业总产值（万元）	全部从业人员年平均人数（人）	规模以上企业平均规模（万元）	全员劳动生产率（万元/人）
石油和天然气开采业	10	2	11 061 196.6	60 504	1 106 119.66	182.82
烟草制品业	1	1	421 643.2	755	421 643.20	558.47
石油加工、炼焦及核燃料加工业	82	19	15 946 757.8	42 672	194 472.66	373.71
有色金属冶炼及压延加工业	69	27	11 439 426.5	40 945	165 788.79	279.39
黑色金属冶炼及压延加工业	60	22	4 988 465.2	25 378	83 141.09	196.57
化学纤维制造业	16	4	1 123 073.6	9 729	70 192.10	115.44
电气机械及器材制造业	50	9	3 421 780.7	11 609	68 435.61	294.75
开采辅助活动	43	7	2 624 653.6	37 922	61 038.46	69.21
化学原料及化学制品制造业	206	54	9 458 541.4	67 104	45 915.25	140.95
汽车制造业	8	5	292 092	1 724	36 511.50	169.43
新疆	2 957	872	99 744 320.8	672 735	33 731.59	148.27
煤炭开采和洗选业	96	33	2 958 995	38 508	30 822.86	76.84
计算机、通信和其他电子设备制造业	10	4	286 697.2	2 530	28 669.72	113.32
电力、热力的生产和供应业	455	125	12 605 154.4	72 244	27 703.64	174.48

行业	企业数（家）	亏损企业数（家）	工业总产值（万元）	全部从业人员年平均人数（人）	规模以上企业平均规模（万元）	全员劳动生产率（万元/人）
黑色金属矿采选业	37	10	933 029.2	6 827	25 217.01	136.67
纺织业	178	73	4 255 138.5	66 103	23 905.27	64.37
燃气生产和供应业	53	12	1 194 062.8	10 159	22 529.49	117.54
有色金属矿采选业	43	12	962 628.4	8 968	22 386.71	107.34
医药制造业	36	6	765 688.7	9 135	21 269.13	83.82
废弃资源综合利用业	11	1	205 945.5	708	18 722.32	290.88
食品制造业	114	43	1 900 815.6	21 883	16 673.82	86.86
金属制品、机械和设备修理业	2		31 038.8	1 086	15 519.40	28.58
酒、饮料和精制茶制造业	77	23	978 661.8	9 417	12 709.89	103.93
非金属矿物制品业	436	127	4 831 454.4	48 627	11 081.32	99.36
农副食品加工业	407	114	3 995 005.1	29 232	9 815.74	136.67
专用设备制造业	39	10	353 170.5	4 156	9 055.65	84.98
水的生产和供应业	29	16	256 241.3	5 195	8 835.91	49.32
橡胶和塑料制品业	140	30	1 021 254.7	11 488	7 294.68	88.90

行业	企业数（家）	亏损企业数（家）	工业总产值（万元）	全部从业人员年平均人数（人）	规模以上企业平均规模（万元）	全员劳动生产率（万元/人）
金属制品业	82	33	582 040.6	6 152	7 098.06	94.61
木材加工及木、竹、藤、棕、草制品业	17	5	115 397.7	1 029	6 788.10	112.15
造纸及纸制品业	28	7	174 820.8	2 556	6 243.60	68.40
非金属矿采选业	24	8	145 971.2	2 026	6 082.13	72.05
纺织服装、鞋、帽制造业	48	13	220 978.7	12 043	4 603.72	18.35
家具制造业	10	2	44 227.9	736	4 422.79	60.09
皮革、毛皮、羽毛（绒）及其制品业	3	1	12 864.8	70	4 288.27	183.78
通用设备制造业	12	4	49 246.1	1 167	4 103.84	42.20
文教、工美、体育和娱乐用品制造业	9	4	34 030.5	651	3 781.17	52.27
印刷业和记录媒介的复制	12	5	42 042.8	1 364	3 503.57	30.82
铁路、船舶、航空航天和其他运输设备制造业	3	1	7 862.4	219	2 620.80	35.90
仪器仪表制造业	1		2 224.8	114	2 224.80	19.52

资料来源：新疆维吾尔自治区统计局，国家统计局新疆调查总队．新疆统计年鉴2019［M］．北京：中国统计出版社，2019.

业平均规模，煤炭开采和洗选业等29个产业规模以上企业规模低于
新疆规模以上企业平均规模，其中仪器仪表制造业规模以上企业规模
最小，为2 224.80万元。

3.2 新疆产城融合发展的城镇基础

3.2.1 城镇化总体格局

随着城镇化进程的加快，新疆城镇常住人口逐步增加，新疆城镇
数量明显增多。截至2018年，常住人口城镇化率达到50.91%，全区
城镇常住人口达到1 266.01万人，较2015年提高了3.68个百分点。新
疆已有320个建制镇、67个县城、28个城市，其中县级城市24个、
地级及以上城市4个，见表3-7。

表3-7 　　　　　　　　　　　　　　新疆城市概况

地级及以上城市	县级城市
乌鲁木齐、克拉玛依、吐鲁番、哈密（4个）	石河子、昌吉、奎屯、伊宁、塔城、昆玉、阿勒泰、博乐、库尔勒、阿克苏、阿图什、喀什、和田、阜康、乌苏、阿拉尔、图木舒克、北屯、阿拉山口、铁门关、霍尔果斯、五家渠、双河、可克达拉（24个）

如图3-3所示，2018年新疆县级以上城市的经济规模排名为：
乌鲁木齐市、克拉玛依市、库尔勒市、昌吉市、哈密市伊州区、
石河子市、阿拉尔市、伊宁市、阜康市、阿克苏市、乌苏市、五
家渠市、喀什市、博乐市、铁门关市、奎屯市、图木舒克市、塔
城市、吐鲁番市高昌区、和田市、阿勒泰市、北屯市、双河市、
阿拉山口市、霍尔果斯市、阿图什市、昆玉市、可克达拉市。各

城市地区生产总值占新疆地区生产总值的比重依次为25.41%、7.36%、5.06%、3.33%、3.27%、2.95%、2.03%、2.02%、1.69%、1.67%、1.62%、1.48%、1.39%、1.31%、1.25%、1.16%、1.03%、0.78%、0.76%、0.71%、0.67%、0.60%、0.52%、0.51%、0.44%、0.41%、0.16%、0.15%。

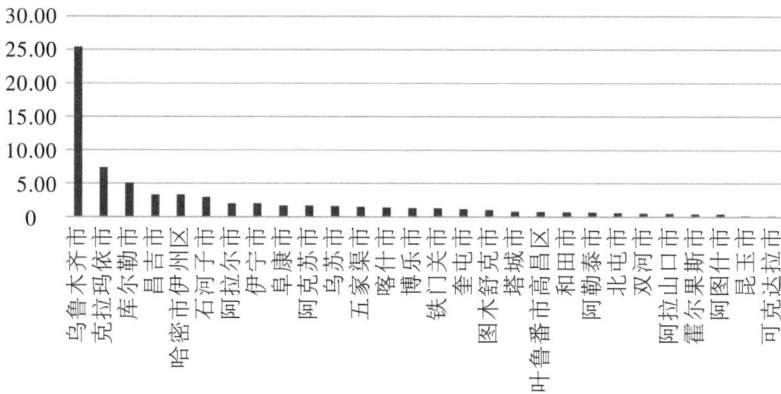

图3-3 城市经济规模排序

如图3-4所示，2018年新疆县级以上城市的人口规模排序为：乌鲁木齐市、喀什市、石河子市、伊宁市、阿克苏市、库尔勒市、哈密市伊州区、和田市、昌吉市、克拉玛依市、奎屯市、吐鲁番市高昌区、阿图什市、博乐市、可克达拉市、阿勒泰市、乌苏市、阿拉尔市、图木舒克市、阜康市、塔城市、北屯市、五家渠市、双河市、霍尔果斯市、昆玉市、铁门关市、阿拉山口市。各城市人口规模占新疆总人口的比重依次为9.73%、2.85%、2.60%、2.50%、2.41%、2.07%、1.89%、1.79%、1.70%、1.35%、1.27%、1.27%、1.25%、1.14%、1.14%、1.01%、0.95%、0.74%、0.73%、0.72%、0.72%、0.46%、0.42%、0.29%、0.28%、0.26%、0.17%、0.01%。

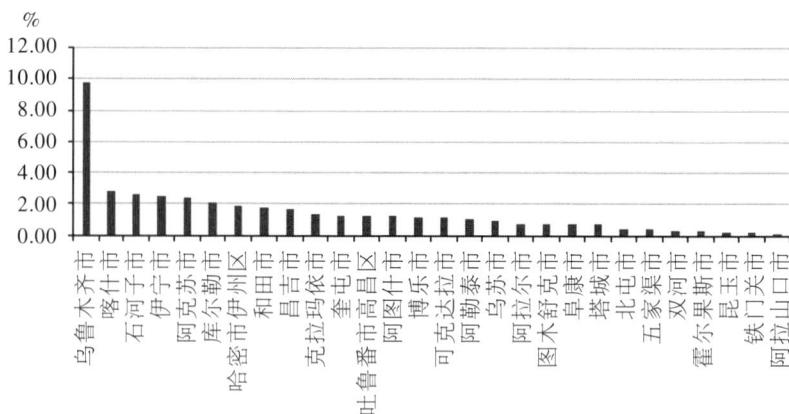

图 3-4　城市人口规模排序

3.2.2　城市基础设施建设

2005 年新疆城市用水普及率为 97.9%，2018 年新疆城市用水普及率上升为 98.0%，2005—2018 年新疆城市用水普及率基本保持不变；2005 年新疆城市燃气普及率为 89.3%，2018 年新疆城市燃气普及率为 98%，2005—2018 年新疆城市燃气普及率呈现逐步上升趋势，如图 3-5 所示。2005 年新疆城市家庭天然气供气量为 1 7283 万立方米，2018 年新疆城市家庭天然气供气量为 128 911 万立方米，2005—2018 年新疆城市家庭天然气供气量呈现逐步上升趋势；2005—2018 年新疆城市天然气、煤气管道长度呈现逐步上升趋势，由 2005 年 2 327 千米变为 2018 年 14 213 千米，如图 3-6 所示。2005—2018 年新疆城市住宅集中供热面积呈现快速增长趋势，由 2005 年的 7 567 万平方米变为 2018 年的 26 634 万平方米，如图 3-7 所示。随着新疆城镇化水平不断提高，城镇基础设施建设持续加强，群众居住环境不断优化。2005—2018 年新疆城市平均每万人拥有道路长度和平均每人拥有道路面积呈现逐步上升趋势。2005 年平均每万人拥有道路长度为 7.4 千米，平均每人拥有道路面积为11.5平方米；2018年平均每万人拥有道路长度为14千米，平均每人拥有道路面积为20.3平方米，如图3-8所示。2005—2018年新疆城市平均每万人拥有下水道长度和建成区绿地面积呈现逐步上升趋势。2005年平均每万人拥有下水道长度为5.7千米，平均每万人建成区绿地面积为43.1公顷；2018年平均每万人拥有下水道长度为10千米，平均每万人建成区绿地面积为68.6公顷，如图3-9所示。

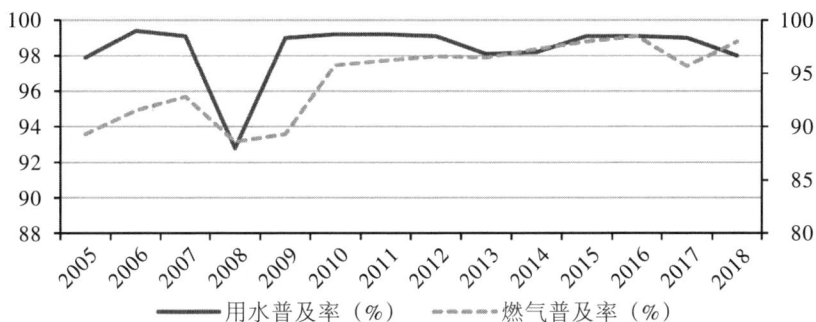

图3-5　2005—2018年新疆城市用水普及率与燃气普及率变化

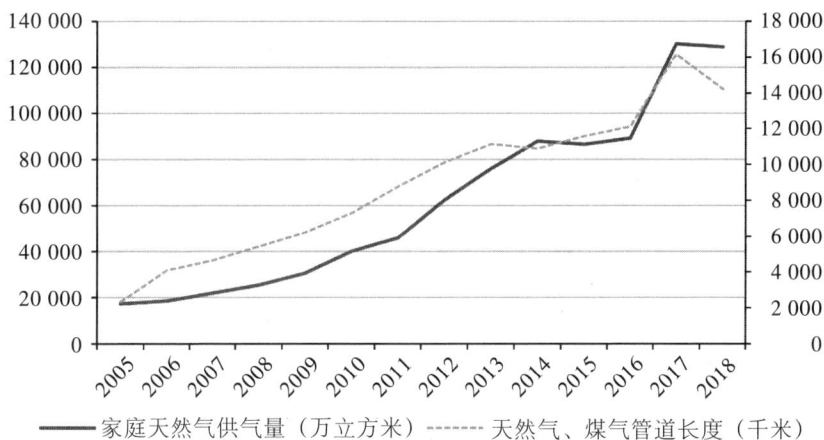

图3-6　2005—2018年新疆城市家庭天然气供气量与天然气、煤气管道长度变化

万平方米

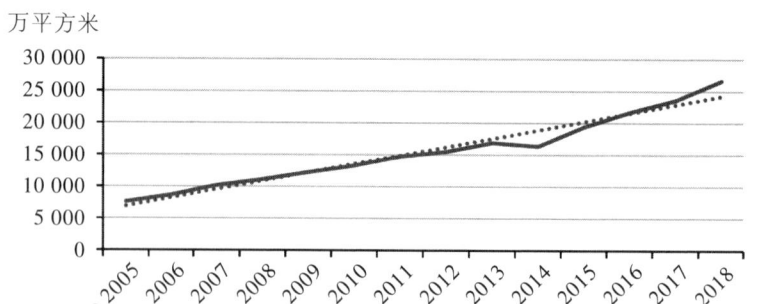

图3-7 2005—2018年新疆城市住宅集中供热面积变化

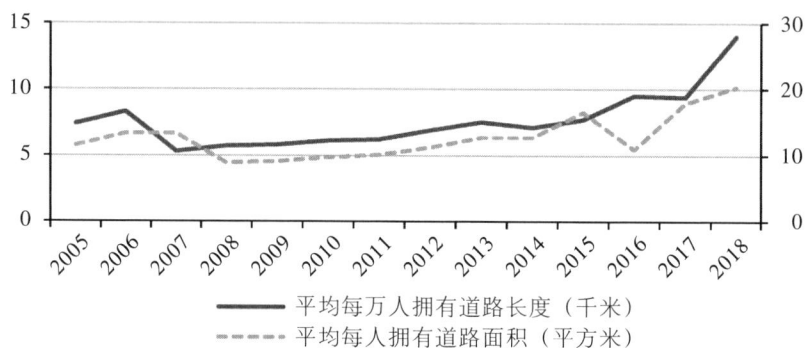

———— 平均每万人拥有道路长度（千米）
‑‑‑‑ 平均每人拥有道路面积（平方米）

图3-8 2005—2018年新疆城市平均每万人拥有道路长度
与平均每人拥有道路面积变化

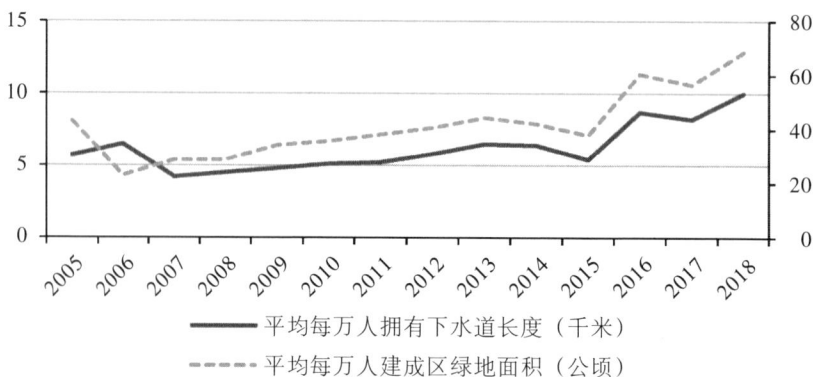

———— 平均每万人拥有下水道长度（千米）
‑‑‑‑ 平均每万人建成区绿地面积（公顷）

图3-9 2005—2018年新疆城市平均每万人拥有下水道长度与每万人建成区绿
地面积变化

2018年各城市市区设施水平见表3-8。2018年，在新疆各城市中，乌鲁木齐市、克拉玛依市、高昌区、博乐市、阿图什市、喀什市城市用水普及率为100%；阿勒泰市城市用水普及率最低，为88.32%。乌鲁木齐市、克拉玛依市、高昌区、阿图什市、喀什市城市燃气普及率为100%；霍尔果斯市城市燃气普及率最低，为67.33%。阿拉山口市人均城市道路面积最大，为48.23平方米；博乐市人均城市道路面积最小，为9.81平方米。阿勒泰市人均公园绿地面积最大，为27.51平方米；和田市人均公园绿地面积最小，为7.57平方米。伊宁市排水管道密度最高，为12.63千米/平方千米；吐鲁番市高昌区排水管道密度最低，为1.38千米/平方千米。

表3-8　　　　　　　　2018年各城市市区设施水平

城市	城市用水普及率（%）	城市燃气普及率（%）	人均城市道路面积（平方米）	人均公园绿地面积（平方米）	排水管道密度（千米/平方千米）
总计	97.66	98.01	20.34	14.31	5.27
乌鲁木齐市	100.00	100.00	11.76	12.70	4.92
克拉玛依市	100.00	100.00	27.38	11.07	5.46
吐鲁番市高昌区	100.00	99.30	45.40	19.68	1.38
哈密市伊州区	99.96	99.15	23.93	13.51	7.78
昌吉市	100.00	100.00	19.42	12.03	3.16
阜康市	97.34	97.25	24.96	19.40	3.48
伊宁市	92.86	99.81	21.38	9.63	12.63
奎屯市	99.03	99.83	18.81	11.82	8.14
霍尔果斯市	93.33	67.33	41.35	14.00	4.65
塔城市	95.29	94.26	13.88	12.09	11.10
乌苏市	94.75	94.35	24.41	12.55	7.92
阿勒泰市	88.32	88.32	25.95	27.51	10.00

城市	城市用水普及率（%）	城市燃气普及率（%）	人均城市道路面积（平方米）	人均公园绿地面积（平方米）	排水管道密度（千米/平方千米）
博乐市	100.00	90.75	9.81	10.76	10.35
阿拉山口市	98.21	71.43	48.23	19.69	6.64
库尔勒市	98.39	99.71	42.19	12.37	7.82
阿克苏市	99.80	99.70	10.55	15.53	4.60
阿图什市	100.00	100.00	33.90	16.84	4.96
喀什市	100.00	100.00	30.79	23.30	3.95
和田市	98.21	99.13	14.85	7.57	4.26

注：因铁门关市、图木舒克市、北屯市、双河市、昆玉市、可克达拉市、石河子市、阿拉尔市、五家渠市9个城市的数据缺失，只列出了19个城市的数据。

资料来源：新疆维吾尔自治区统计局，国家统计局新疆调查总队. 新疆统计年鉴2019［M］. 北京：中国统计出版社，2019.

3.2.3 城镇人口与经济一致性

城镇化进程一方面促进了城市人口的聚集，另一方面带动了城市经济的发展。我们用人口经济一致性系数（CPE）分析某一地区人口分布与经济发展的一致性程度。计算公式如下：

$$CPE_i = p_i/g_i = (P_i/\sum_{i=1}^{n} P_i)/(G_i/\sum_{i=1}^{n} G_i)$$

其中：n 为地区数；p_i 为 i 地区的人口集聚水平；g_i 为 i 地区的经济集聚水平；P_i 为 i 地区的人口数量；G_i 为 i 地区的国内生产总值。

由表3-9可知，2018年新疆各地州（市）按照人口经济一致性系数由大到小依次为：和田地区、喀什地区、克孜勒苏柯尔克孜自治州、伊犁州直属县（市）、阿克苏地区、阿勒泰地区、吐鲁番市、博尔塔拉蒙古自治州、塔城地区、巴音郭楞蒙古自治州、哈密市、昌吉回族自治州、乌鲁木齐市、克拉玛依市。和田地区、喀什地区、克孜勒苏柯尔克孜自治州、伊犁州直属县（市）、阿克苏地区、阿勒泰地区、吐鲁番市7个地州（市）人口经济一致性系数大于1，说明这些地州（市）人口集聚水平高于经济集聚水平，其中和田地区人口经济一致性系数为4.42；博尔塔拉蒙古自治州、塔城地区、巴音郭楞蒙古自治州、哈密市、昌吉回族自治州、乌鲁木齐市、克拉玛依市7个地州（市）人口经济一致性系数小于1，说明这些地州（市）人口集聚水平低于经济集聚水平，其中克拉玛依市人口经济一致性系数为0.18。

表3-9　　2018年新疆各地州（市）人口经济一致性系数

地区	GDP比重	人口比重	CPE
乌鲁木齐市	25.41	9.73	0.38
克拉玛依市	7.36	1.35	0.18
吐鲁番市	2.55	2.77	1.09
哈密市	4.40	2.45	0.56
昌吉回族自治州	11.21	6.10	0.54
伊犁州直属县（市）	7.70	12.83	1.67
塔城地区	5.68	4.35	0.76
阿勒泰地区	2.33	2.89	1.24
博尔塔拉蒙古自治州	2.71	2.10	0.77
巴音郭楞蒙古自治州	8.42	5.44	0.65
阿克苏地区	8.42	11.22	1.33
克孜勒苏柯尔克孜自治州	1.06	2.73	2.59
喀什地区	7.30	20.29	2.78
和田地区	2.50	11.08	4.42

资料来源：新疆维吾尔自治区统计局，国家统计局新疆调查总队. 新疆统计年鉴2019［M］. 北京：中国统计出版社，2019.

由表3-10可知，2018年新疆各城市按照人口经济一致性系数由大到小依次为阿图什市、和田市、喀什市、吐鲁番市高昌区、阿勒泰市、阿克苏市、伊宁市、奎屯市、塔城市、石河子市、博乐市、霍尔果斯市、乌苏市、哈密市伊州区、昌吉市、阜康市、库尔勒市、乌鲁木齐市、阿拉尔市、克拉玛依市、阿拉山口市。阿图什市、和田市、喀什市、吐鲁番市高昌区、阿勒泰市、阿克苏市、伊宁市、奎屯市8个城市人口经济一致性系数大于1，说明这些城市人口集聚水平高于经济集聚水平，其中阿图什市人口经济一致性系数为3.06；塔城市、石河子市、博乐市、霍尔果斯市、乌苏市、哈密市伊州区、昌吉市、阜康市、库尔勒市、乌鲁木齐市、阿拉尔市、克拉玛依市、阿拉山口市13个城市人口经济一致性系数小于1，说明这些城市人口集聚水平低于经济集聚水平，其中阿拉山口市人口经济一致性系数为0.02。

表3-10　　　2018年新疆各城市人口经济一致性系数

地区	GDP比重	人口比重	CPE
乌鲁木齐市	25.41	9.73	0.38
克拉玛依市	7.36	1.35	0.18
库尔勒市	5.06	2.07	0.41
昌吉市	3.33	1.70	0.51
哈密市伊州区	3.27	1.89	0.58
石河子市	2.95	2.60	0.88
阿拉尔市	2.03	0.74	0.37
伊宁市	2.02	2.50	1.24
阜康市	1.69	0.72	0.42
阿克苏市	1.67	2.41	1.44
乌苏市	1.62	0.95	0.58
喀什市	1.39	2.85	2.05

地　区	GDP比重	人口比重	CPE
博乐市	1.31	1.14	0.87
奎屯市	1.16	1.27	1.10
塔城市	0.78	0.72	0.91
吐鲁番市高昌区	0.76	1.27	1.67
和田市	0.71	1.79	2.51
阿勒泰市	0.67	1.01	1.51
阿拉山口市	0.51	0.01	0.02
霍尔果斯市	0.44	0.28	0.64
阿图什市	0.41	1.25	3.06

资料来源：新疆维吾尔自治区统计局，国家统计局新疆调查总队. 新疆统计年鉴2019［M］. 北京：中国统计出版社，2019.

3.3　新疆产城融合发展中存在的问题

3.3.1　人口城镇化滞后于土地城镇化

2005—2018年新疆城市建成区面积呈现逐步扩大趋势，2005年新疆城市建成区面积为596平方千米，2018年新疆城市建成区面积为1 312平方千米，城市建成区面积年平均增长率为6.80%。在14年里，新疆城市建成区面积增长了1.20倍，说明在新疆城镇化过程中，新疆城市面积在逐步扩大。2005—2018年新疆在城镇化中征用土地面积呈现逐步扩大趋势，2005年新疆在城镇化中征用土地面积为11.5平方千米，2018年新疆在城镇化中征用土地面积为29.6平方千米（如图3-10所示）。

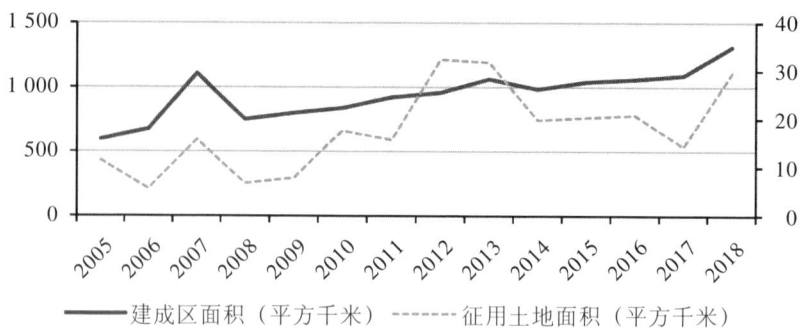

图 3-10　2005—2018年新疆城市建成区面积与在城镇化中征用土地面积变动

新疆土地城镇化快速推进，2018年新疆城市面积是2005年新疆城市面积的2.20倍。如图3-11所示，2005—2018年新疆城市人口密度呈现逐步下降趋势，2005年新疆城市人口密度为4 925人/平方千米，2018年新疆城市人口密度为2 525人/平方千米，2018年新疆城市人口密度较2005年下降了48.73%，城市人口密度年均下降5.01%。新疆城市人口密度逐步下降说明人口城镇化滞后于土地城镇化，人口城镇化进程慢于土地城镇化进程。

（人/平方千米）

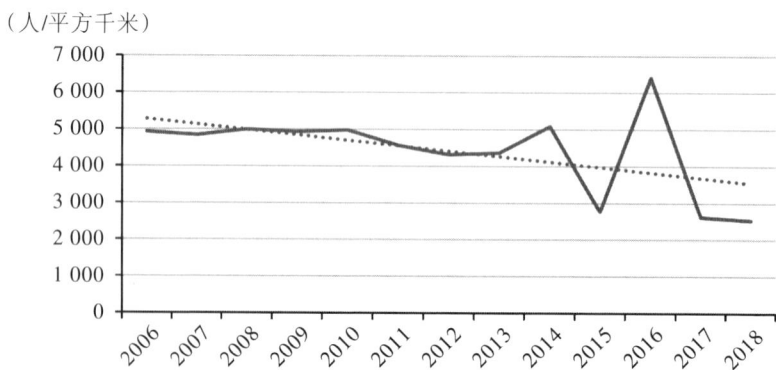

图 3-11　2006—2018年新疆城市人口密度变化

3.3.2　城镇化的产业支撑弱化问题凸显

产业和城镇是产城融合涉及的两大主体，城镇承载产业发展的空间，产业为城镇功能配套、完善、更新提供动力。产业是城市发展的根基，是新型城镇化发展的强劲推动力。如图3-12所示，2001—2018年新疆人口城镇化率呈现逐步上升的趋势，2005年新疆人口城镇化率为33.75%，2018年新疆人口城镇化率为50.91%，年均增长1.32个百分点；2001—2018年新疆工业化水平呈现先上升后下降的趋势，2005年新疆工业化水平为29.9%，2008年新疆工业化水平为42.1%，2018年新疆工业化水平为30.7%。新疆城镇化进程中的"去工业化"或者"去制造业化"弱化了城镇化的产业支撑。也就是说，城镇化的产业支撑弱化问题逐步凸显。新疆城镇化发展亟须强有力的产业支撑，工业的发展亟须强基增效，实现土地城镇化、人口城镇化、产业城镇化的协同发展。产业发展是城镇化的基础，人口集聚和土地扩张是城镇化的表现，只有人口、土地、产业三个城镇化要素协同发展，城镇化才能实现科学发展。在产城融合过程中，产业结构不合理会导致产业支撑薄弱，继而对劳动力的吸纳带动作用降低，制约了城镇化对区域经济的推动力，使新疆与中部和东部省份的城镇化水平、经济实力差距越来越大。

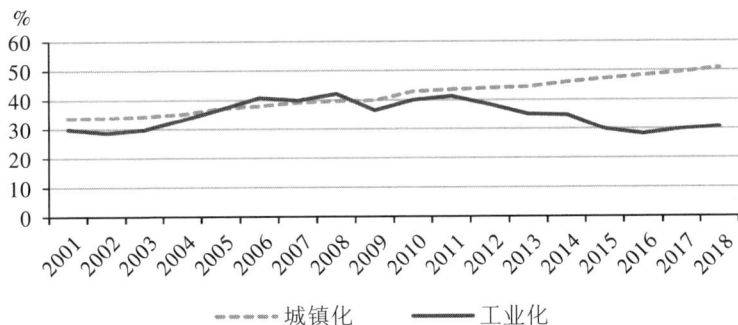

图3-12　2001—2018年新疆城镇化率与工业化率变化

3.3.3 城镇发展中产城分离现象突出

近年来，随着国家政策的支持和大量资金、人才的投入，新疆加快推进乡改镇、县改市，以期通过这种方式，发挥城镇发展对周边地区产业的带动作用，开创产业与城镇互动发展的新格局，推动城镇化快速发展；然而由于初期规划缺乏合理性，政策、资金、人才等方面的高投入并没有带来高效的产业与城镇融合，反而造成了城镇规模、结构、布局不合理，中心城市在数量上不足以及城镇功能较弱且不完善，没有发挥出应有的对区域经济的带动辐射作用。

新疆这种城镇先行的模式带来了产业规模效应下降、城镇功能和产业发展不匹配等问题。特别是近年来，外来人口增长有所减缓，人口增速较慢，人才流失速度加快，高素质劳动人口比例相对偏低，城镇人口集聚水平下降，部分新城、新区开发建设力度大，居住空间过大，产业和人口支撑不足。同时，在公共设施建设中，生产、生活服务配套设施不足，公共服务配套建设缓慢，存在经济收益较大的商业、商务办公设施建设速度较快，生活及公共服务便利化程度不高等突出现象。部分地区人为地将产业园区与新城分开建设，以获得更多的新增建设用地指标，使得职住分离，毗邻新城的工业园区被单独规划、管理，人的需求得不到满足。这助长了土地的粗放利用，不利于未来整体区域协调发展和产城融合发展。

第 4 章

新疆产城融合发展水平的测度与综合评价

4.1 产城融合综合评价指标体系的构建

4.1.1 指标体系设计原则

（1）科学性。本书在评价产城融合时从产业支撑、城市功能和人本导向三个维度出发，遵循以人为本的原则，构建产城融合的指标体系。在指标的选取方面，参考了众多学者的研究成果，并对指标进行理论分析，使得选取的指标科学合理。

（2）可操作性。本书在选取评价产城融合的指标时，充分考虑数据的可得性，以及是否便于计算。

（3）可比性。因为涉及不同地区的研究，本书在指标选取时要确保数据之间是可比的，从而能够进行后续各地区产城融合的比较。

4.1.2 指标体系的构成

产城融合是城市功能优化和产业发展协同共进与良性互动的动态过程。新型城镇化是产业集聚的空间载体，产业是新型城镇化建设的动力源泉，产城融合的根本出发点在"人"。产城融合可以表述为"以产兴城、以城促产、产城协调"，城镇化的发展必须有产业支撑，产业的发展必须以城镇化为基础，而城镇化与产业的发展最终的落脚点是"人本导向"，提高人民群众的效用水平。本书在参考丛海彬（2017）、张建清（2017）关于测度产城融合构建指标体系的基础上，从产业支撑、城市功能和人本导向三个方面构建产城融合评价指标体系，测评新疆产城融合发展水平，见表4-1。

产业支撑是新型城镇化建设的动力和基石。产业结构的演变促使劳动力由农村向城镇、由第一产业向非农产业转移，即配第-克拉克

表 4-1   产城融合评价指标体系

目标层	系统层	指标	指标性质
产城融合	产业支撑	第二产业占 GDP 的比重	+
		第三产业占 GDP 的比重	+
		人均 GDP	+
		规模以上工业产业占 GDP 的比重	+
		规模以上工业企业用电量	+
	城市功能	每万人医生数	+
		中学生每百人教师数	+
		城市用水普及率	+
		城市燃气普及率	+
		人均城市道路面积	+
		人均绿地面积	+
	人本导向	第二三产业从业人员比重	+
		人均工资	+
		人口密度	+
		城市登记失业率	−
		人均社会消费品零售额	+
		单位 GDP 能耗	−

注："+"表示正向指标，"−"表示逆向指标。

定理，进而促进生产要素向城镇聚集；具有产业基础的园区由于产业集聚产生的网络协作机制成为吸纳更多劳动力的"就业池"。产业支撑是产城融合的基础，系统层"产业支撑"选取第二产业占 GDP 的比重、第三产业占 GDP 的比重、人均 GDP、规模以上工业产业占 GDP 的比重、规模以上工业企业用电量 5 个指标衡量。

新型城镇化能为产业发展提供集聚的平台。借助良好的区位条件和要素资源条件，城镇化发展水平相对较高的地区能够持续吸纳要素资源，使产业集聚，进而产生"极化效应"，推动区域产业结构的优化升级。城市功能要和产业发展实现空间耦合与功能契合，产业发展必须立足有效的空间载体。系统层"城市功能"选取每万人医生数、中学生每百人教师数、城市用水普及率、城市燃气普及率、人均城市道路面积、人均绿地面积 6 个指标衡量。

在城镇化快速推进中，人的发展让位于经济发展，"城市病"问题不断凸显。而产城融合的出发点和落脚点是"人本导向"，是城市和产业两者有效互动及融合发展的关键之所在，是对"产""城""人"三者关系的重新认识。只有基于"人"的需求所实现的产业融合才是真正意义上的融合，才能实现最大社会效益的驱动。系统层"人本导向"选取第二三产业从业人员比重、人均工资、人口密度、城市登记失业率、人均社会消费品零售额、单位 GDP 能耗 6 个指标衡量。

新疆产城融合发展水平用各地州（市）产城融合水平发展水平的平均值来衡量。由于数据的可得性，在县域产城融合水平测度时，本书用非农比重表征产业支撑，用每万人床位数表征城市功能，用人均社会零售额表征人本导向。

4.1.3 指标体系指标说明

产城融合评价指标体系包括产业支撑（U_1）、城市功能（U_2）、人本导向（U_3）三个子系统，首先由指标体系计算出产城融合综合度（COMD），计算公式为：

$$COMD = aU_1 + bU_2 + cU_3$$

其中：a、b、c分别为产业支撑（U_1）、城市功能（U_2）、人本导向（U_3）在指标评价体系中的权重。

系统发展水平不仅与子系统的发展水平成正比，还取决于子系统之间的耦合水平，因此系统发展水平与系统的综合度、子系统耦合度之间并不必然存在正向关系。产城融合评价指标体系中产业支撑（U_1）、城市功能（U_2）、人本导向（U_3）三个子系统的耦合度（$COUD$）计算公式如下：

$$COUD = \sqrt[3]{\frac{U_1 \cdot U_2 \cdot U_3}{(U_1 + U_2) \cdot (U_1 + U_3) \cdot (U_2 + U_3)}}$$

产城融合发展水平产城融合度（$COOD$）计算公式如下：

$$COOD = \sqrt{COMD \cdot COUD}$$

4.1.4 评价指标权重的确定

1）数据标准化处理

本书采用改进的指数功效函数对数据进行标准化处理，改进的指数功效函数具有单调性、凸性特征。改进的指数功效函数形式如下：

$$d = ae^{b(x - x^s)/(x^h - x^s)}$$

其中：x为单项指标的实际值；d为单项评价指标的评价值；x^s为评价指标实际值中的不容许值；x^h为评价指标实际值中的满意值；a、b为待定参数，符号为正。令正向指标为最小值（逆向指标为最大值）$x=x^s$时，$d=0.6$，正向指标为最大值（逆向指标为最小值）$x=x^h$时，$d=1$，可得$a=0.6$，$b=-\ln 0.6$。

2）权重的确定

熵值法确定指标权重是基于各项指标观测值所提供的信息的大小

（多少），是一种客观赋权法，故而本书采用熵值法确定各指标权重。指标数据标准化后指标矩阵为：

$$A = \begin{pmatrix} X_{11} & \cdots & X_{1m} \\ \vdots & \vdots & \vdots \\ X_{n1} & \cdots & X_{nm} \end{pmatrix}_{n \times m}$$

其中：矩阵中有 m 个待评方案，n 项评价指标，X_{ij} 为第 i 个方案第 j 个指标的数值。

（1）计算第 j 项指标下第 i 个方案占该指标的比重

$$P_{ij} = \frac{X_{ij}}{\sum_{i=1}^{n} X_{ij}} \quad (j = 1, 2, \cdots, m)$$

（2）计算第 j 项指标的熵值

$$e_j = -k \sum_{i=1}^{n} P_{ij} \ln(P_{ij})$$

其中：$k>0$，$e_j \geq 0$，令 $k=1/\ln m$，则 $0 \leq e \leq 1$。

（3）计算第 j 项指标的差异系数

$g_j = 1 - e_j$，g_j 越大指标越重要。指标值 X_{ij} 的差异越大，对于第 j 项指标，对方案评价的作用越大，熵值就越小。

（4）求权数

$$W_j = \frac{g_j}{\sum_{j=1}^{m} g_j}, \quad j = 1, 2, \cdots, m$$

4.1.5 数据来源及说明

数据来源于 2006—2019 年《新疆统计年鉴》《中国城市统计年鉴》《中国县域统计年鉴》《中国城市建设年鉴》《中国城乡建设统计年鉴》，以及新疆各地州（市）统计年鉴。地州（市）层面包括乌鲁木齐市、克拉玛依市、吐鲁番市、哈密市、昌吉回族自治州、伊犁州直属县（市）、塔城地区、阿勒泰地区、博尔塔拉蒙古自治州、巴音郭楞蒙古自治州、阿克苏地区、克孜勒苏柯尔克孜自治州、喀什地区、和田地区 14 个地州（市）的数据；县级市层面包括昌吉、阜康、博乐、库尔勒、阿克苏、阿图什、喀什、和田、伊宁、奎屯、塔城、乌苏、阿勒泰、石河子、阿拉尔、图木舒克、五家渠 17 个县级市的数据（北屯、铁门关、双河、昆玉、阿拉山口、霍尔果斯 6 个县级市数据缺失）；县域层面包括鄯善县、托克逊县、巴里坤哈萨克自治县、伊吾县、呼图壁县、玛纳斯县、奇台县、吉木萨尔县、木垒哈萨克自治县、伊宁县、察布查尔锡伯自治县、霍城县、巩留县、新源县、昭苏县、特克斯县、尼勒克县、额敏县、沙湾县、托里县、裕民县、和布克赛尔蒙古自治县、布尔津县、富蕴县、福海县、哈巴河县、青河县、吉木乃县、精河县、温泉县、轮台县、尉犁县、若羌县、且末县、焉耆回族自治县、和静县、和硕县、博湖县、温宿县、库车县、沙雅县、新和县、拜城县、乌什县、阿瓦提县、柯坪县、阿克陶县、阿合奇县、乌恰县、疏附县、疏勒县、英吉沙县、泽普县、莎车县、叶城县、麦盖提县、岳普湖县、伽师县、巴楚县、塔什库尔干塔吉克自治县、和田县、墨玉县、皮山县、洛浦县、策勒县、于田县、民丰县 67 个县域。

4.2 新疆产城融合发展水平综合评价

4.2.1 新疆产城融合发展水平测算结果

如表 4-2 和图 4-1 所示，2005—2018 年新疆产城融合度呈现逐步上升的趋势，说明新疆产城融合发展水平不断提升；新疆产城融合综合度逐步上升，但耦合度呈现逐步下降的趋势，说明"产业支撑""城市功能""人本导向"在城镇化进程中不断强化，其中产业支撑从 2005—2018 年由 0.2002 变为 0.2124，城市功能由 0.2665 变为 0.2916，

人本导向由 0.2520 变为 0.2729，而产城融合耦合度由 0.4970 变为
0.4963，这反映了在推动产城融合发展进程中"产业支撑""城市功
能""人本导向"并未协调耦合发展，在一定程度上存在产业支撑弱
化，城市功能缺失，抑或人本导向错位等问题。

表4-2　　　　　　　　　　　新疆产城融合发展水平变化

年份	2005	2006	2007	2008	2009	2010	2011
产城融合度	0.5975	0.6008	0.6017	0.6020	0.6027	0.6049	0.6080
产城融合综合度	0.7187	0.7268	0.7289	0.7296	0.7313	0.7369	0.7446
产城融合耦合度	0.4970	0.4967	0.4968	0.4969	0.4968	0.4967	0.4967
产业支撑	0.2002	0.2013	0.2024	0.2030	0.2027	0.2038	0.2055
城市功能	0.2665	0.2729	0.2729	0.2722	0.2741	0.2765	0.2795
人本导向	0.2520	0.2527	0.2536	0.2544	0.2545	0.2565	0.2596
年份	2012	2013	2014	2015	2016	2017	2018
产城融合度	0.6118	0.6121	0.6145	0.6158	0.6170	0.6196	0.6209
产城融合综合度	0.7541	0.7546	0.7607	0.7640	0.7673	0.7735	0.7769
产城融合耦合度	0.4965	0.4967	0.4966	0.4964	0.4963	0.4964	0.4963
产业支撑	0.2066	0.2086	0.2100	0.2096	0.2097	0.2120	0.2124
城市功能	0.2821	0.2818	0.2849	0.2891	0.2897	0.2917	0.2916
人本导向	0.2654	0.2643	0.2658	0.2653	0.2679	0.2698	0.2729

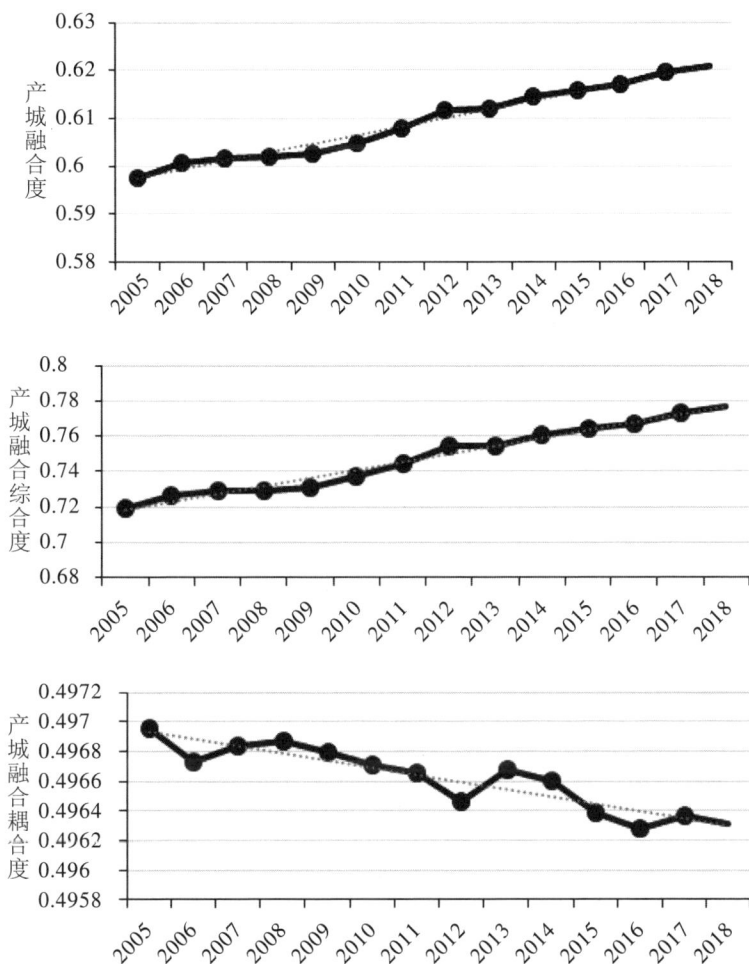

图 4-1 2005—2018 年新疆产城融合度、产城融合综合度、产城融合耦合度变动趋势

4.2.2 新疆各地州（市）产城融合发展水平综合评价

1）新疆各地州（市）产城融合发展水平分析

2005—2018 年新疆 14 个地州（市）中克拉玛依市产城融合发展水平最高，乌鲁木齐市次之，2005 年喀什地区产城融合发展水平最低，2006 年、2013 年、2015—2018 年和田地区产城融合发展水平最

低，2007—2009年克孜勒苏柯尔克孜自治州产城融合发展水平最低，2012年博尔塔拉蒙古自治州产城融合发展水平最低，2014年阿克苏地区产城融合发展水平最低（见表4-3）。2018年新疆14个地州（市）产城融合平均发展水平为0.6209，其中克拉玛依市、乌鲁木齐市、吐鲁番市、哈密市、克孜勒苏柯尔克孜自治州、博尔塔拉蒙古自治州6个地州（市）产城融合发展水平高于平均值，昌吉回族自治州、巴音郭楞蒙古自治州、喀什地区、阿勒泰地区、阿克苏地区、伊犁州直属县（市）、塔城地区、和田地区8个地州（市）产城融合发展水平低于平均值（如图4-2所示）。

表4-3　2005—2018年新疆各地州（市）产城融合发展水平变动趋势

地州（市）	2005	2006	2007	2008	2009	2010	2011
乌鲁木齐市	0.6145	0.6161	0.6197	0.6123	0.6191	0.6235	0.6259
克拉玛依市	0.6229	0.6254	0.6257	0.6261	0.6254	0.6304	0.6362
吐鲁番市	0.6036	0.6032	0.6068	0.6081	0.6066	0.6086	0.6095
哈密市	0.5975	0.5995	0.6026	0.6052	0.6050	0.6071	0.6090
昌吉回族自治州	0.5992	0.6020	0.6026	0.6031	0.6036	0.6059	0.6076
伊犁州直属县（市）	0.5935	0.5959	0.5979	0.5983	0.5998	0.6003	0.6024
塔城地区	0.5820	0.5944	0.5920	0.5917	0.5923	0.5966	0.6013
阿勒泰地区	0.5871	0.5933	0.5956	0.5962	0.5950	0.6016	0.6081
博尔塔拉蒙古自治州	0.5974	0.5983	0.5993	0.6018	0.6015	0.5881	0.5924
巴音郭楞蒙古自治州	0.6065	0.6087	0.6109	0.6113	0.6106	0.6135	0.6157
阿克苏地区	0.5997	0.6011	0.6010	0.6008	0.6019	0.6011	0.6055
克孜勒苏柯尔克孜自治州	0.5955	0.5942	0.5882	0.5888	0.5898	0.5979	0.6024
喀什地区	0.5796	0.5898	0.5913	0.5922	0.5936	0.5980	0.5983
和田地区	0.5867	0.5892	0.5902	0.5922	0.5932	0.5962	0.5982

地州（市）	2012	2013	2014	2015	2016	2017	2018
乌鲁木齐市	0.6287	0.6366	0.6335	0.6338	0.6362	0.6403	0.6424
克拉玛依市	0.6394	0.6396	0.6440	0.6373	0.6404	0.6428	0.6455
吐鲁番市	0.6177	0.6136	0.6192	0.6172	0.6187	0.6234	0.6296
哈密市	0.6099	0.6125	0.6146	0.6174	0.6184	0.6201	0.6235
昌吉回族自治州	0.6116	0.6099	0.6144	0.6129	0.6151	0.6175	0.6206
伊犁州直属县（市）	0.6058	0.6101	0.6112	0.6110	0.6113	0.6138	0.6110
塔城地区	0.6017	0.6032	0.6051	0.6067	0.6112	0.6137	0.6084
阿勒泰地区	0.6076	0.6055	0.6107	0.6145	0.6154	0.6199	0.6158
博尔塔拉蒙古自治州	0.5983	0.6063	0.6111	0.6209	0.6213	0.6210	0.6211
巴音郭楞蒙古自治州	0.6249	0.6140	0.6152	0.6146	0.6145	0.6158	0.6192
阿克苏地区	0.6110	0.6037	0.6012	0.6071	0.6083	0.6121	0.6125
克孜勒苏柯尔克孜自治州	0.6046	0.6077	0.6139	0.6160	0.6153	0.6180	0.6217
喀什地区	0.6027	0.6050	0.6061	0.6075	0.6107	0.6117	0.6159
和田地区	0.6008	0.6020	0.6033	0.6040	0.6020	0.6037	0.6052

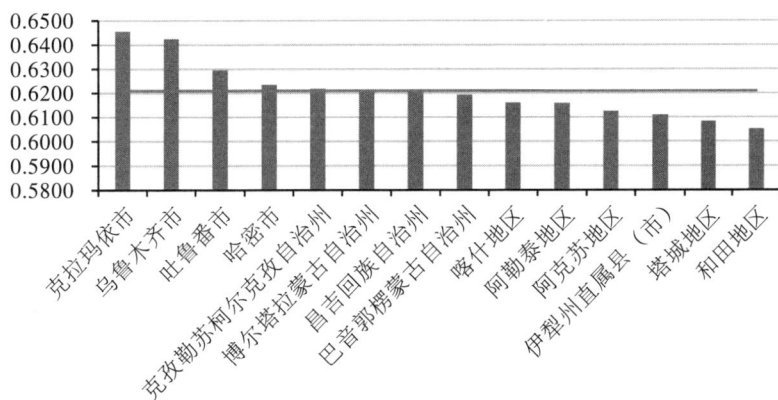

图4-2　2018年新疆各地州（市）产城融合发展水平比较

运用变异系数比较不同时间和不同城市产城融合度、综合度、耦合度的不均等状况，结果显示整体上新疆14个地州（市）之间产城融合水平差距呈现逐步缩小的趋势，由2005年的0.0201下降到2018年0.0189，但2015—2018年产城融合水平差距呈现逐步扩大的趋势，由2015年的0.0157上升到2018年0.0189；产城融合综合度差距呈现逐步下降的趋势，由2005年的0.0397下降到2018年的0.0370，但2015—2018年产城融合水平差距呈现逐步扩大的趋势，由2015年的0.0302上升到2018年0.0370；产城融合耦合度差距呈现逐步上升的趋势，由2005年的0.0016上升到2018年0.0027，如图4-3所示。其中，变异系数=产城融合发展水平的标准差/产城融合发展水平。

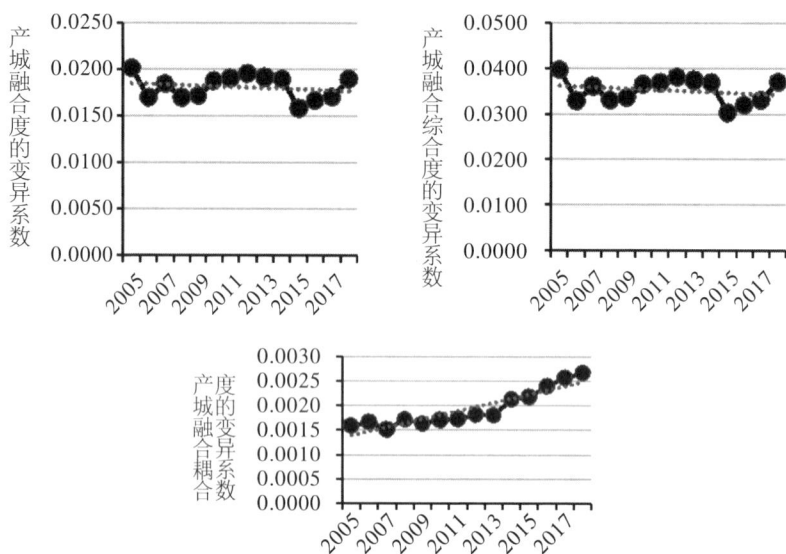

图4-3　2005—2018年新疆各地州（市）产城融合度、产城融合综合度、产城融合耦合度的差距变动

2）新疆各地州（市）产城融合发展水平四分图分析

产城融合发展水平由融合度和耦合度两个方面测算而得，本书从产城融合综合度和产城融合耦合度两个维度构建四分图管理矩阵，分析新疆

各地州（市）产城融合发展水平（如图4-4所示）。

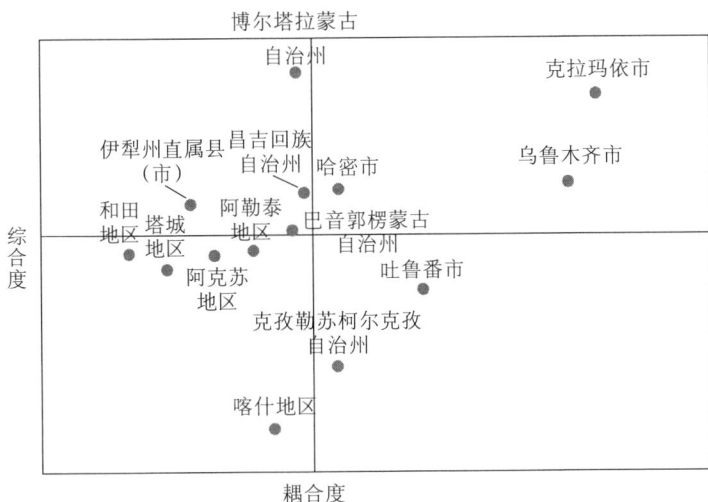

图 4-4　2018 年新疆各地州（市）产城融合发展水平四分图矩阵

由表4-4可知，2018年乌鲁木齐市、克拉玛依市、哈密市3个地州（市）产城融合综合度高、耦合度高；昌吉回族自治州、伊犁州直属县（市）、博尔塔拉蒙古自治州、巴音郭楞蒙古自治州4个地州（市）产城融合综合度低、耦合度高；阿勒泰地区、阿克苏地区、塔城地区、和田地区、喀什地区5个地州（市）产城融合综合度低、耦合度低；吐鲁番市、克孜勒苏柯尔克孜自治州2个地州（市）产城融合综合度高、耦合度低。

表 4-4　　2018 年新疆各地州（市）产城融合发展水平分类

		综合度	
		低	高
耦合度	高	昌吉回族自治州、伊犁州直属县（市）、博尔塔拉蒙古自治州、巴音郭楞蒙古自治州（4地州（市））	乌鲁木齐市、克拉玛依市、哈密市（3地州（市））
	低	阿勒泰地区、阿克苏地区、塔城地区、和田地区、喀什地区（5地州（市））	吐鲁番市、克孜勒苏柯尔克孜自治州（2地州（市））

3）新疆各地州（市）产城融合"产""城""人"（分别指"产业支撑""城市功能""人本导向"，下同）分维度分析

如表4-5所示，2018年新疆14个地州（市）中乌鲁木齐市、克拉玛依市产城融合发展中"产""城""人"的发展水平均高；吐鲁番市、哈密市、巴音郭楞蒙古自治州产城融合发展中"产""城"的发展水平高，"人"的发展水平低；克孜勒苏柯尔克孜自治州城融合发展中"产"的发展水平低，"城""人"的发展水平高；昌吉回族自治州、博尔塔拉蒙古自治州产城融合发展中"产"的发展水平高，"城""人"的发展水平低；阿克苏地区产城融合发展中"产""城"的发展水平低，"人"的发展水平高；喀什地区产城融合发展中"城"的发展水平高，"产""人"的发展水平低；伊犁州直属县（市）、塔城地区、阿勒泰地区和田地区产城融合发展中"产""城""人"发展水平均低。

表4-5　　　　　2018年新疆各地州（市）产城融合
"产""城""人"发展水平分析

地州（市）	产	城	人
乌鲁木齐市	高	高	高
克拉玛依市	高	高	高
吐鲁番市	高	高	低
哈密市	高	高	低
昌吉回族自治州	高	低	低
伊犁州直属县（市）	低	低	低
塔城地区	低	低	低
阿勒泰地区	低	低	低
博尔塔拉蒙古自治州	高	低	低
巴音郭楞蒙古自治州	高	高	低
阿克苏地区	低	低	高
克孜勒苏柯尔克孜自治州	低	高	高
喀什地区	低	高	低
和田地区	低	低	低

4.2.3 新疆县级市产城融合发展水平综合评价

1）新疆县级市产城融合发展水平分析

如表4-6所示，2008年、2009年新疆17个县级市中库尔勒产城融合发展水平最高，石河子、昌吉次之，乌苏、阿拉尔、图木舒克产城融合发展水平较低；2010年库尔勒产城融合发展水平最高，石河子、阿克苏次之，阿拉尔、乌苏、图木舒克产城融合发展水平较低；2011年库尔勒产城融合发展水平最高，石河子、阜康次之，阿图什、乌苏、图木舒克产城融合发展水平较低；2012年库尔勒产城融合发展水平最高，图木舒克、阿拉尔、阿勒泰产城融合发展水平较低；2013年石河子产城融合发展水平最高，阜康、库尔勒次之，阿勒泰、图木舒克、阿拉尔产城融合发展水平较低；2014年阜康产城融合发展水平最高，石河子、库尔勒次之，阿拉尔、和田、图木舒克产城融合发展水平较低；2015年阜康产城融合发展水平最高，石河子、库尔勒次之，乌苏、阿图什、和田产城融合发展水平较低；2016年阜康产城融合发展水平最高，阿拉尔、石河子次之，乌苏、阿图什、和田产城融合发展水平较低；2017年阿拉尔产城融合发展水平最高，阜康、石河子次之，乌苏、阿图什、和田产城融合发展水平较低；2018年库尔勒产城融合发展水平最高，阜康、阿拉尔次之，阿图什、和田、乌苏产城融合发展水平较低。

2018年新疆17个县级市产城融合平均发展水平为0.6176，其中库尔勒、阜康、阿拉尔、石河子、奎屯、伊宁、喀什、昌吉8个县级市产城融合发展水平高于平均值；图木舒克、阿克苏、博乐、五家渠、塔城、阿勒泰、乌苏、阿图什、和田9个县级市产城融合发展水平低于平均值（如图4-5所示）。

表4-6

2008—2018年新疆县级市产城融合发展水平变动趋势

城市	2008	2009	2010	2011	2012	2013	2014	2015	2016	2017	2018
昌吉	0.6087	0.6100	0.6095	0.6065	0.6107	0.6131	0.6156	0.6186	0.6199	0.6202	0.6189
阜康	0.5989	0.5959	0.6082	0.6091	0.6130	0.6215	0.6273	0.6307	0.6321	0.6311	0.6313
博乐	0.6033	0.6037	0.5953	0.5940	0.6000	0.6080	0.6081	0.6112	0.6135	0.6136	0.6143
库尔勒	0.6162	0.6210	0.6150	0.6183	0.6197	0.6210	0.6236	0.6233	0.6214	0.6254	0.6322
阿克苏	0.6082	0.6079	0.6112	0.6086	0.6109	0.6077	0.6057	0.6107	0.6078	0.6120	0.6155
阿图什	0.5890	0.5881	0.5940	0.5916	0.5975	0.5995	0.6023	0.6019	0.6023	0.6048	0.6070
喀什	0.5976	0.6008	0.6052	0.6048	0.6054	0.6066	0.6076	0.6122	0.6140	0.6151	0.6193
和田	0.5899	0.5911	0.5921	0.5930	0.5953	0.5963	0.5961	0.5973	0.5976	0.5986	0.6018
伊宁	0.6017	0.6035	0.6059	0.6071	0.6120	0.6138	0.6155	0.6182	0.6213	0.6206	0.6201
奎屯	0.6026	0.6050	0.6085	0.6061	0.6135	0.6135	0.6175	0.6165	0.6151	0.6170	0.6208
塔城	0.5916	0.5924	0.5939	0.5969	0.5993	0.6018	0.6020	0.6067	0.6104	0.6128	0.6113
乌苏	0.5864	0.5872	0.5872	0.5903	0.5914	0.5938	0.6008	0.6035	0.6059	0.6095	0.6107
阿勒泰	0.5911	0.5919	0.5973	0.5952	0.5818	0.5920	0.6017	0.6077	0.6105	0.6131	0.6109
石河子	0.6091	0.6125	0.6132	0.6148	0.6192	0.6240	0.6261	0.6278	0.6291	0.6275	0.6272
阿拉尔	0.5790	0.5827	0.5891	0.5945	0.5862	0.5882	0.5996	0.6177	0.6316	0.6320	0.6297
图木舒克	0.5769	0.5739	0.5758	0.5820	0.5881	0.5886	0.5955	0.6043	0.6154	0.6237	0.6155
五家渠	0.5900	0.5928	0.5996	0.6100	0.6096	0.6191	0.6194	0.6247	0.6311	0.6286	0.6128

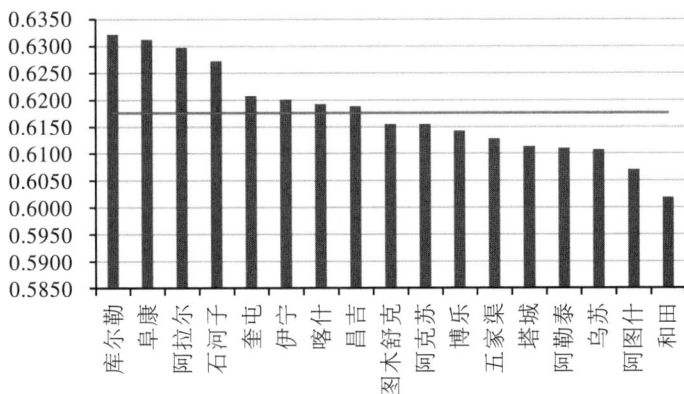

图4-5 2018年新疆各县级市产城融合发展水平比较

运用变异系数比较不同年份和不同县级市产城融合度的不均等状况，结果显示整体上新疆17个县级市之间产城融合水平差距呈现逐步缩小的趋势，由2008年的0.0185下降到2018年0.0140；新疆17个县级市之间产城融合综合度差距呈现逐步缩小的趋势，由2008年的0.0367下降到2018年0.0273；新疆17个县级市之间产城融合耦合度差距呈现逐步扩大的趋势，由2008年的0.0013上升到2018年0.0019，如图4-6所示。

2) 新疆县级市产城融合发展水平四分图分析

本书从产城融合综合度和产城融合耦合度两个维度构建四分图管理矩阵，分析新疆各县级市产城融合发展水平（如图4-7所示）。由表4-7可知，2018年阜康、石河子、奎屯、库尔勒、昌吉5个县级市产城融合综合度高、耦合度高，五家渠、和田2个县级市产城融合综合度低、耦合度高，阿克苏、博乐、乌苏、阿勒泰、阿图什、塔城、图木舒克7个县级市产城融合综合度低、耦合度低，伊宁、阿拉尔、喀什3个县级市产城融合综合度高、耦合度低。

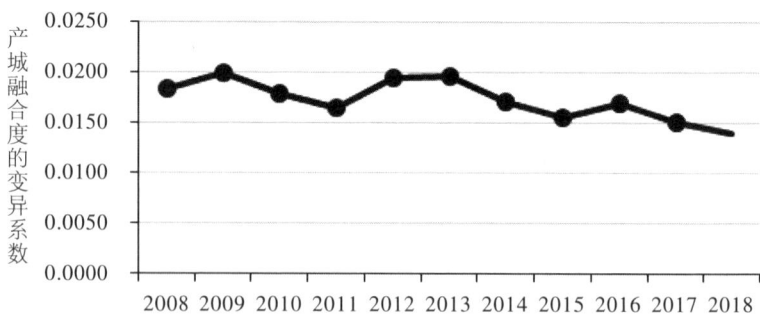

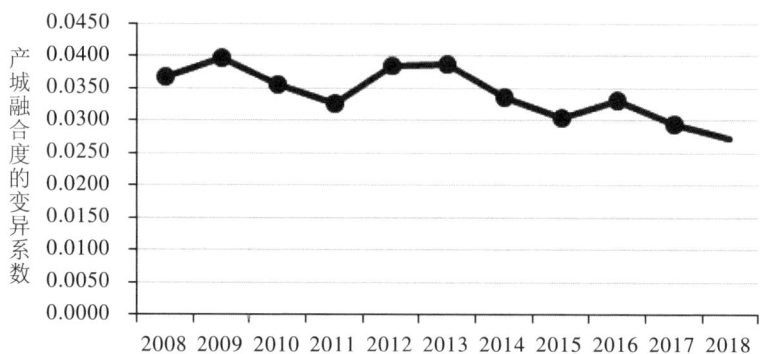

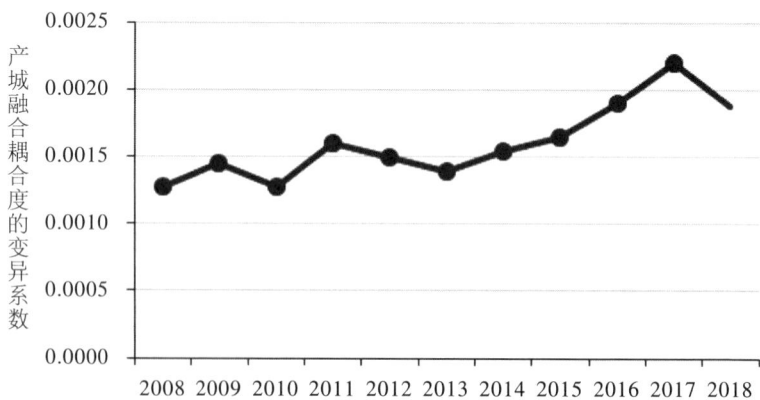

图4-6　2008—2018年新疆各县级市产城融合度、产城融合综合度、

产城融合耦合度差距变动

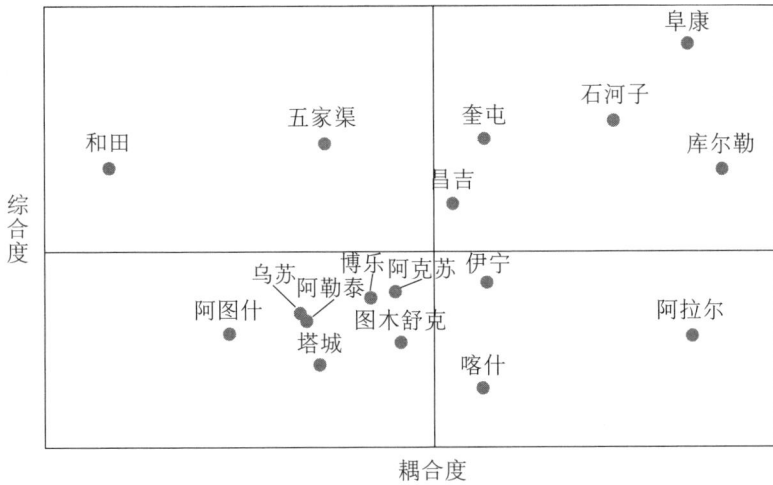

图4-7　2018年新疆县级市产城融合发展水平四分图矩阵

表4-7　　　　2018年新疆县级市产城融合发展水平分类

		综合度	
		低	高
耦合度	高	五家渠、和田（2个）	阜康、石河子、奎屯、库尔勒、昌吉（5个）
	低	阿克苏、博乐、乌苏、阿勒泰、阿图什、塔城、图木舒克（7个）	伊宁、阿拉尔、喀什（3个）

3）新疆县级市产城融合"产""城""人"分维度分析

如表4-8所示，2018年17个县级市中阜康、库尔勒产城融合发展中"产""城""人"的发展水平均高；昌吉、阿拉尔产城融合发展中"产""人"的发展水平高，"城"的发展水平低；喀什、图木舒克产城融合发展中"城""人"的发展水平高，"产"的发展水平低；奎屯、石河子产城融合发展中"产""城"的发展水平高，"人"的发展水平低；博乐、伊宁、塔城、乌苏、阿勒泰产城融合发展中"城"的的发展水平高，"产""人"的发展水平低；阿克苏、五家渠产城融合发展中"人"的发展水平高，"产""城"的发展水平低；阿图什、和田产城融合发展中"产""城""人"发展水平均低。

表4-8　　2018年新疆县级市产城融合"产""城""人"发展水平分析

城市	产	城	人
昌吉	高	低	高
阜康	高	高	高
博乐	低	高	低
库尔勒	高	高	高
阿克苏	低	低	高
阿图什	低	低	低
喀什	低	高	高
和田	低	低	低
伊宁	低	高	低
奎屯	高	高	低
塔城	低	高	低
乌苏	低	高	低
阿勒泰	低	高	低
石河子	高	高	低
阿拉尔	高	低	高
图木舒克	低	高	高
五家渠	低	低	高

4.2.4 新疆县域产城融合发展水平综合评价

1）新疆县域产城融合发展水平分析

2010—2018年新疆67个县域产城融合发展平均水平呈现逐步上升的趋势，由2010年的0.5706上升到2018年的0.5838，说明在新疆县域城镇化进程中产城融合程度不断提升。2010年新疆67个县域中，阿合奇县产城融合发展水平最高，鄯善县、托里县次之，麦盖提县、疏附县、和硕县产城融合发展水平较低。2018年新疆67个县域中精河县产城融合发展水平最高，伊吾县、乌恰县次之，麦盖提县、和硕县、尉犁县产城融合发展水平较低（见表4-9）。

运用变异系数比较不同时间和不同县域产城融合度、综合度和耦合度的不均等状况，结果显示整体上新疆67个县域之间产城融合度、产城融合综合度和产城融合耦合度差距呈现逐步扩大的趋势，产城融合度的变异系数由2010年的0.0204上升到2018年0.0273，产城融合综合度的变异系数由2010年的0.0451上升到2018年0.0589，产城融合耦合度的变异系数由2010年的0.0204上升到2018年0.0273，如图4-8所示。2018年新疆67个县域产城融合发展平均水平为0.5838，精河县、伊吾县、乌恰县、吉木萨尔县、阿克陶县、塔什库尔干塔吉克自治县、阿合奇县、布尔津县、洛浦县、库车县、富蕴县、吉木乃县、鄯善县、巴里坤哈萨克自治县、托克逊县、和田县、哈巴河县、民丰县、拜城县、焉耆回族自治县、奇台县、伊宁县、若羌县、托里县、和布克赛尔蒙古自治县、博湖县、青河县27个县域产城融合发展水平高于平均值，其余40个县域产城融合发展水平低于平均值（如图4-9所示）。

表4-9　　　　　　　　　　　　2010—2018年新疆县域产城融合发展水平变动趋势

县域	2010	2011	2012	2013	2014	2015	2016	2017	2018
鄯善县	0.5945	0.5956	0.5946	0.5934	0.5929	0.5883	0.5886	0.5918	0.5936
托克逊县	0.5891	0.5888	0.5887	0.5905	0.5890	0.5837	0.5858	0.5912	0.5931
巴里坤哈萨克自治县	0.5778	0.5797	0.5823	0.5812	0.5849	0.5857	0.5851	0.5900	0.5935
伊吾县	0.5831	0.5855	0.5904	0.5940	0.5975	0.6008	0.6005	0.6045	0.6070
呼图壁县	0.5674	0.5663	0.5702	0.5710	0.5753	0.5795	0.5821	0.5818	0.5810
玛纳斯县	0.5647	0.5707	0.5668	0.5674	0.5730	0.5770	0.5802	0.5822	0.5837
奇台县	0.5603	0.5648	0.5665	0.5673	0.5713	0.5774	0.5800	0.5855	0.5875
吉木萨尔县	0.5704	0.5729	0.5755	0.5823	0.5875	0.5933	0.5959	0.6022	0.6041
木垒哈萨克自治县	0.5624	0.5621	0.5625	0.5641	0.5669	0.5727	0.5756	0.5790	0.5816
伊宁县	0.5690	0.5704	0.5704	0.5682	0.5714	0.5749	0.5790	0.5861	0.5873
察布查尔锡伯自治县	0.5601	0.5603	0.5621	0.5620	0.5637	0.5629	0.5631	0.5662	0.5665
霍城县	0.5727	0.5734	0.5732	0.5738	0.5748	0.5784	0.5753	0.5775	0.5797
巩留县	0.5700	0.5707	0.5734	0.5731	0.5737	0.5753	0.5743	0.5780	0.5747

县域	2010	2011	2012	2013	2014	2015	2016	2017	2018
新源县	0.5757	0.5784	0.5766	0.5755	0.5740	0.5730	0.5724	0.5819	0.5797
昭苏县	0.5657	0.5648	0.5642	0.5638	0.5666	0.5686	0.5680	0.5719	0.5713
特克斯县	0.5672	0.5660	0.5662	0.5671	0.5686	0.5696	0.5671	0.5723	0.5759
尼勒克县	0.5794	0.5796	0.5801	0.5789	0.5770	0.5756	0.5753	0.5805	0.5810
额敏县	0.5749	0.5732	0.5734	0.5732	0.5723	0.5758	0.5745	0.5768	0.5763
沙湾县	0.5586	0.5603	0.5580	0.5595	0.5617	0.5643	0.5605	0.5661	0.5652
托里县	0.5915	0.5917	0.5909	0.5913	0.5947	0.5897	0.5838	0.5869	0.5855
裕民县	0.5659	0.5584	0.5702	0.5700	0.5685	0.5722	0.5716	0.5654	0.5744
和布克赛尔蒙古自治县	0.5861	0.5875	0.5886	0.5911	0.5869	0.5881	0.5868	0.5876	0.5845
布尔津县	0.5877	0.5890	0.5909	0.5890	0.5911	0.5953	0.5944	0.5954	0.5971
富蕴县	0.5891	0.5917	0.5928	0.5930	0.5951	0.5924	0.5906	0.5936	0.5955
福海县	0.5703	0.5707	0.5713	0.5728	0.5751	0.5761	0.5776	0.5762	0.5775
哈巴河县	0.5886	0.5918	0.5915	0.5901	0.5894	0.5876	0.5891	0.5925	0.5926
青河县	0.5824	0.5843	0.5812	0.5808	0.5813	0.5813	0.5822	0.5822	0.5840

县域	2010	2011	2012	2013	2014	2015	2016	2017	2018
吉木乃县	0.5709	0.5748	0.5821	0.5862	0.5917	0.5937	0.5934	0.5930	0.5947
精河县	0.5550	0.5576	0.5618	0.5648	0.5682	0.6663	0.6196	0.6280	0.6766
温泉县	0.5608	0.5631	0.5649	0.5660	0.5710	0.5724	0.5739	0.5783	0.5768
轮台县	0.5734	0.5738	0.5731	0.5749	0.5725	0.5762	0.5713	0.5713	0.5833
尉犁县	0.5522	0.5553	0.5568	0.5506	0.5546	0.5551	0.5538	0.5559	0.5576
若羌县	0.5830	0.5842	0.5804	0.5775	0.5775	0.5773	0.5716	0.5825	0.5872
且末县	0.5636	0.5656	0.5686	0.5678	0.5693	0.5637	0.5651	0.5675	0.5696
焉耆回族自治县	0.5774	0.5769	0.5790	0.5788	0.5781	0.5854	0.5848	0.5848	0.5881
和静县	0.5737	0.5778	0.5776	0.5787	0.5768	0.5784	0.5781	0.5794	0.5822
和硕县	0.5532	0.5538	0.5508	0.5493	0.5519	0.5542	0.5561	0.5582	0.5631
博湖县	0.5614	0.5645	0.5655	0.5667	0.5681	0.5727	0.5731	0.5754	0.5843
温宿县	0.5555	0.5614	0.5629	0.5641	0.5658	0.5718	0.5713	0.5739	0.5775
库车县	0.5870	0.5886	0.5903	0.5901	0.5903	0.5917	0.5925	0.5957	0.5959
沙雅县	0.5690	0.5716	0.5742	0.5750	0.5761	0.5800	0.5768	0.5811	0.5802

县域	2010	2011	2012	2013	2014	2015	2016	2017	2018
新和县	0.5616	0.5664	0.5698	0.5693	0.5724	0.5728	0.5704	0.5758	0.5766
拜城县	0.5816	0.5850	0.5858	0.5847	0.5832	0.5859	0.5854	0.5902	0.5888
乌什县	0.5652	0.5681	0.5691	0.5687	0.5699	0.5743	0.5743	0.5786	0.5774
阿瓦提县	0.5552	0.5582	0.5595	0.5600	0.5684	0.5713	0.5710	0.5759	0.5757
柯坪县	0.5789	0.5820	0.5832	0.5807	0.5838	0.5839	0.5791	0.5838	0.5828
阿克陶县	0.5747	0.5777	0.5814	0.5829	0.5850	0.6007	0.6033	0.6033	0.6034
阿合奇县	0.5948	0.5965	0.5925	0.5922	0.5937	0.5992	0.5965	0.5969	0.5971
乌恰县	0.5899	0.5908	0.5978	0.5997	0.6003	0.6015	0.6001	0.6034	0.6049
疏附县	0.5538	0.5557	0.5584	0.5640	0.5690	0.5723	0.5705	0.5752	0.5741
疏勒县	0.5598	0.5714	0.5735	0.5776	0.5759	0.5770	0.5700	0.5725	0.5719
英吉沙县	0.5607	0.5643	0.5675	0.5708	0.5707	0.5785	0.5760	0.5763	0.5790
泽普县	0.5706	0.5713	0.5749	0.5762	0.5740	0.5780	0.5720	0.5768	0.5757
莎车县	0.5543	0.5557	0.5581	0.5595	0.5588	0.5616	0.5659	0.5678	0.5678
叶城县	0.5553	0.5573	0.5615	0.5632	0.5660	0.5730	0.5685	0.5714	0.5713

县域	2010	2011	2012	2013	2014	2015	2016	2017	2018
麦盖提县	0.5541	0.5583	0.5578	0.5594	0.5617	0.5634	0.5582	0.5599	0.5581
岳普湖县	0.5624	0.5739	0.5749	0.5769	0.5784	0.5827	0.5775	0.5828	0.5796
伽师县	0.5577	0.5635	0.5688	0.5709	0.5742	0.5720	0.5693	0.5730	0.5724
巴楚县	0.5675	0.5719	0.5701	0.5737	0.5753	0.5779	0.5748	0.5726	0.5717
塔什库尔干塔吉克自治县	0.5860	0.5905	0.5911	0.5917	0.5935	0.5940	0.5962	0.6000	0.5972
和田县	0.5664	0.5699	0.5703	0.5724	0.5715	0.5792	0.5863	0.5932	0.5930
墨玉县	0.5679	0.5690	0.5674	0.5692	0.5700	0.5643	0.5663	0.5718	0.5734
皮山县	0.5593	0.5621	0.5629	0.5612	0.5643	0.5729	0.5709	0.5778	0.5793
洛浦县	0.5734	0.5779	0.6072	0.5784	0.5806	0.5849	0.5853	0.5881	0.5969
策勒县	0.5672	0.5695	0.5733	0.5742	0.5742	0.5781	0.5762	0.5803	0.5799
于田县	0.5689	0.5720	0.5764	0.5750	0.5752	0.5777	0.5774	0.5819	0.5809
民丰县	0.5810	0.5835	0.5871	0.5871	0.5889	0.5904	0.5900	0.5928	0.5917
平均值	0.5706	0.5730	0.5746	0.5748	0.5763	0.5801	0.5787	0.5820	0.5838

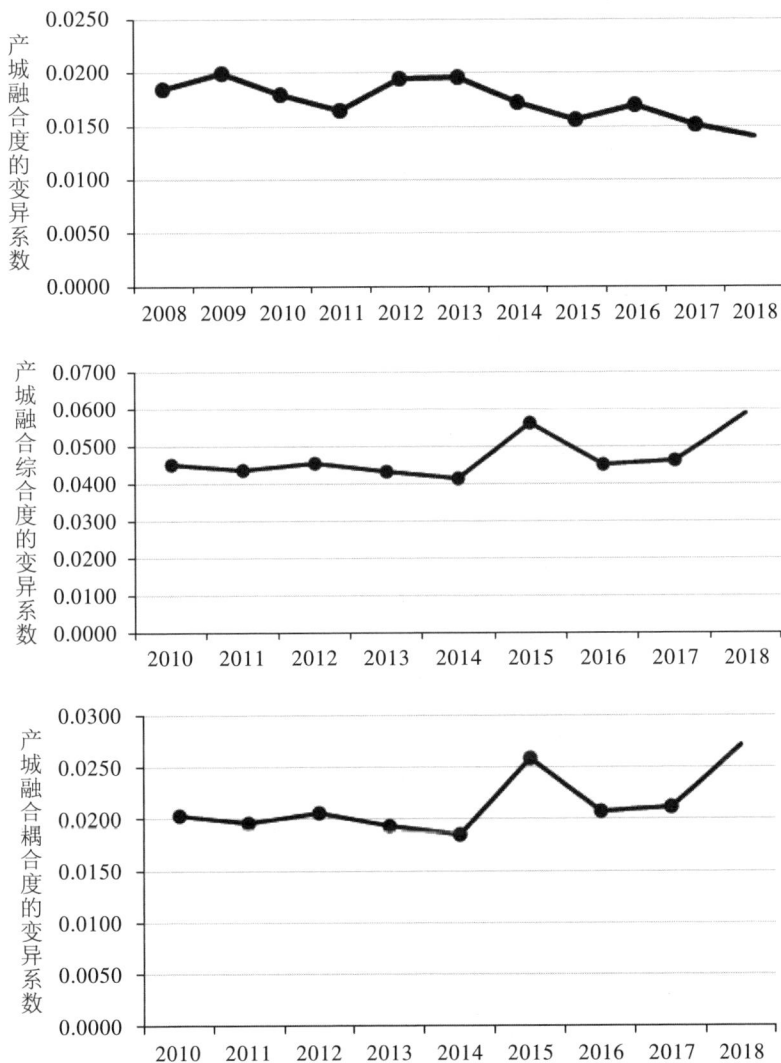

图4-8 2010—2018年新疆各县域产城融合度、产城融合综合度、产城融合耦合度差距变动

2）新疆县域产城融合发展水平四分图分析

本书从产城融合综合度和产城融合耦合度两个维度构建四分图管理矩阵，分析新疆各县域产城融合发展水平（如图4-10所示）。

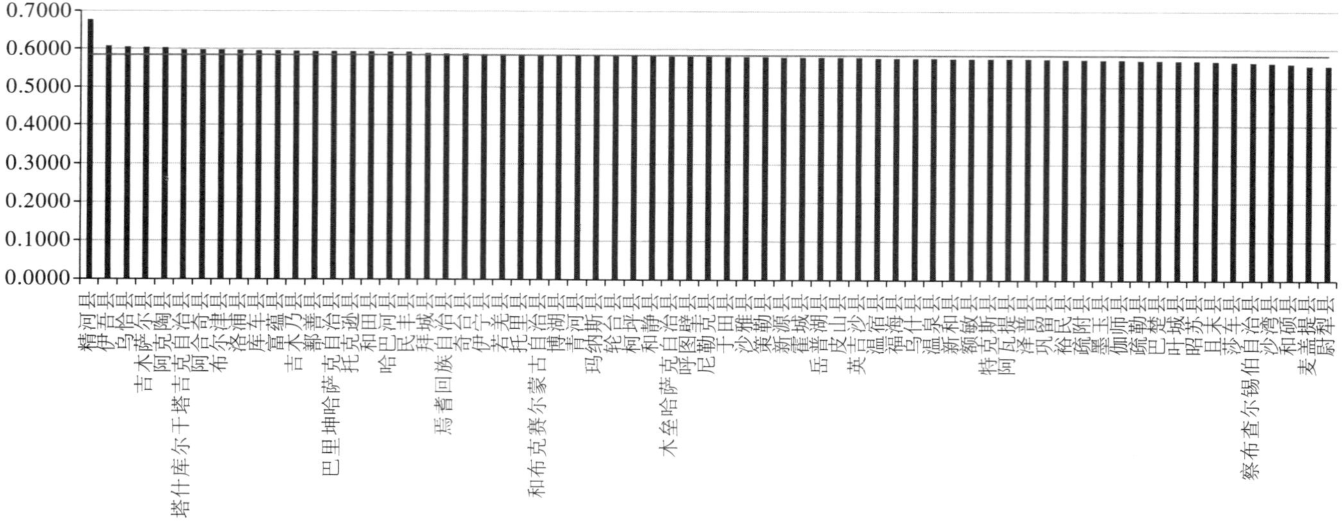

图 4—9 2018 年新疆各县域产城融合发展水平比较

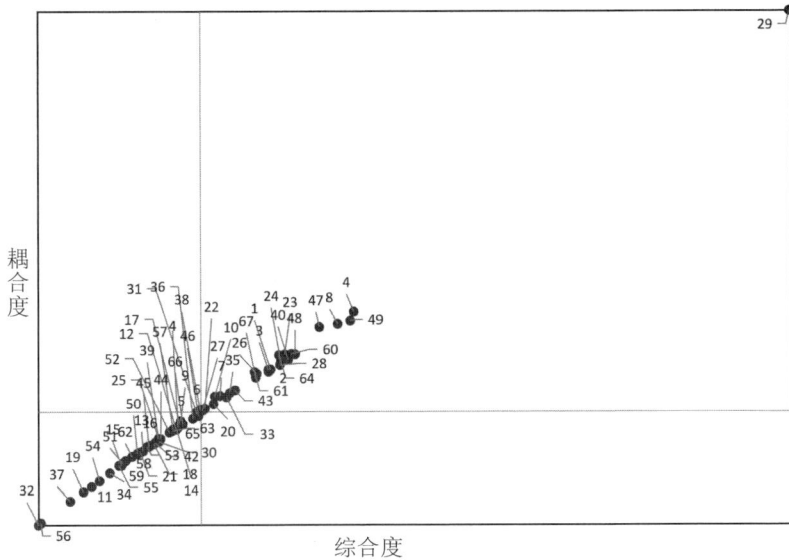

图 4-10　2018 年新疆县域产城融合发展水平四分图矩阵

注：1 表示鄯善县，2 表示托克逊县，3 表示巴里坤哈萨克自治县，4 表示伊吾县，5 表示呼图壁县，6 表示玛纳斯县，7 表示奇台县，8 表示吉木萨尔县，9 表示木垒哈萨克自治县，10 表示伊宁县，11 表示察布查尔锡伯自治县，12 表示霍城县，13 表示巩留县，14 表示新源县，15 表示昭苏县，16 表示特克斯县，17 表示尼勒克县，18 表示额敏县，19 表示沙湾县，20 表示托里县，21 表示裕民县，22 表示和布克赛尔蒙古自治县，23 表示布尔津县，24 表示富蕴县，25 表示福海县，26 表示哈巴河县，27 表示青河县，28 表示吉木乃县，29 表示精河县，30 表示温泉县，31 表示轮台县，32 表示尉犁县，33 表示若羌县，34 表示且末县，35 表示焉耆回族自治县，36 表示和静县，37 表示和硕县，38 表示博湖县，39 表示温宿县，40 表示库车县，41 表示沙雅县，42 表示新和县，43 表示拜城县，44 表示乌什县，45 表示阿瓦提县，46 表示柯坪县，47 表示阿克陶县，48 表示阿合奇县，49 表示乌恰县，50 表示疏附县，51 表示疏勒县，52 表示英吉沙县，53 表示泽普县，54 表示莎车县，55 表示叶城县，56 表示麦盖提县，57 表示岳普湖县，58 表示伽师县，59 表示巴楚县，60 表示塔什库尔干塔吉克自治县，61 表示和田县，62 表示墨玉县，63 表示皮山县　，64 表示洛浦县，65 表示策勒县，66 表示于田县，67 表示民丰县。

由表4-10可知，2018年鄯善县、托克逊县、巴里坤哈萨克自治县、伊吾县、奇台县、吉木萨尔县、伊宁县、托里县、和布克赛尔蒙古自治县、布尔津县、富蕴县、哈巴河县、青河县、吉木乃县、精河县、若羌县、焉耆回族自治县、库车县、拜城县、阿克陶县、阿合奇县、乌恰县、塔什库尔干塔吉克自治县、和田县、洛浦县、民丰县26个县域产城融合综合度高、耦合度高；博湖县1个县域产城融合综合度低、耦合度高；呼图壁县、玛纳斯县、木垒哈萨克自治县、察布查尔锡伯自治县、霍城县、巩留县、新源县、昭苏县、特克斯县、尼勒克县、额敏县、沙湾县、裕民县、福海县、温泉县、轮台县、尉犁县、且末县、和静县、和硕县、温宿县、沙雅县、新和县、乌什县、阿瓦提县、柯坪县、疏附县、疏勒县、英吉沙县、泽普县、莎车县、叶城县、麦盖提县、岳普湖县、伽师县、巴楚县、墨玉县、皮山县、策勒县、于田县40个县域产城融合综合度低、耦合度低。

表4-10　　　　　2018年新疆县域产城融合发展水平分类

		综合度	
		低	高
耦合度	高	博湖县（1个）	鄯善县、托克逊县、巴里坤哈萨克自治县、伊吾县、奇台县、吉木萨尔县、伊宁县、托里县、和布克赛尔蒙古自治县、布尔津县、富蕴县、哈巴河县、青河县、吉木乃县、精河县、若羌县、焉耆回族自治县、库车县、拜城县、阿克陶县、阿合奇县、乌恰县、塔什库尔干塔吉克自治县、和田县、洛浦县、民丰县（26个）

		综合度	
		低	高
耦合度	低	呼图壁县、玛纳斯县、木垒哈萨克自治县、察布查尔锡伯自治县、霍城县、巩留县、新源县、昭苏县、特克斯县、尼勒克县、额敏县、沙湾县、裕民县、福海县、温泉县、轮台县、尉犁县、且末县、和静县、和硕县、温宿县、沙雅县、新和县、乌什县、阿瓦提县、柯坪县、疏附县、疏勒县、英吉沙县、泽普县、莎车县、叶城县、麦盖提县、岳普湖县、伽师县、巴楚县、墨玉县、皮山县、策勒县、于田县（40个）	

3）新疆县域产城融合"产""城""人"分维度分析

如表4-11所示，2018年67个县域中伊吾县、阿克陶县产城融合发展中"产""城""人"的发展水平均高；巴里坤哈萨克自治县、奇台县、吉木萨尔县、布尔津县、富蕴县、哈巴河县产城融合发展中"产""人"的发展水平高，"城"的发展水平低；木垒哈萨克自治县、伊宁县、精河县产城融合发展中"城""人"的发展水平高，"产"的发展水平低；乌恰县、塔什库尔干塔吉克自治县、和田县、洛浦县产城融合发展中"产""城"的发展水平高，"人"的发展水平低；鄯善县、托克逊县、霍城县、新源县、托里县、和布克赛尔蒙古自治县、青河县、吉木乃县、轮台县、若羌县、焉耆回族自治县、和静县、拜城县、柯坪县、阿合奇县、于田县、民丰县产城融合发展中"产"的

发展水平高,"城""人"的发展水平低;呼图壁县、玛纳斯县、尼勒
克县、福海县、博湖县、温宿县产城融合发展中"人"的发展水平
高,"产""城"的发展水平低;疏附县、泽普县、叶城县、墨玉县产
城融合发展中"城"的发展水平高,"产""人"的发展水平低;察布
查尔锡伯自治县、巩留县、昭苏县、特克斯县、额敏县、沙湾县、裕
民县、温泉县、尉犁县、且末县、和硕县、沙雅县、新和县、乌什
县、阿瓦提县、疏勒县、英吉沙县、莎车县、麦盖提县、岳普湖县、
伽师县、巴楚县、皮山县、策勒县产城融合发展中"产""城""人"
的发展水平均低。

表4-11 2018年新疆县域产城融合"产""城""人"水平分析

县域	产	城	人
鄯善县	高	低	低
托克逊县	高	低	低
巴里坤哈萨克自治县	高	低	高
伊吾县	高	高	高
呼图壁县	低	低	高
玛纳斯县	低	低	高
奇台县	高	低	高
吉木萨尔县	高	低	高
木垒哈萨克自治县	低	高	高
伊宁县	低	高	高
察布查尔锡伯自治县	低	低	低
霍城县	高	低	低

县域	产	城	人
巩留县	低	低	低
新源县	高	低	低
昭苏县	低	低	低
特克斯县	低	低	低
尼勒克县	低	低	高
额敏县	低	低	低
沙湾县	低	低	低
托里县	高	低	低
裕民县	低	低	低
和布克赛尔蒙古自治县	高	低	低
布尔津县	高	低	高
富蕴县	高	低	高
福海县	低	低	高
哈巴河县	高	低	高
青河县	高	低	低
吉木乃县	高	低	低
精河县	低	高	高
温泉县	低	低	低
轮台县	高	低	低
尉犁县	低	低	低
若羌县	高	低	低

县域	产	城	人
且末县	低	低	低
焉耆回族自治县	高	低	低
和静县	高	低	低
和硕县	低	低	低
博湖县	低	低	高
温宿县	低	低	高
库车县	高	低	低
沙雅县	低	低	低
新和县	低	低	低
拜城县	高	低	低
乌什县	低	低	低
阿瓦提县	低	低	低
柯坪县	高	低	低
阿克陶县	高	高	高
阿合奇县	高	低	低
乌恰县	高	高	低
疏附县	低	高	低
疏勒县	低	低	低
英吉沙县	低	低	低
泽普县	低	高	低
莎车县	低	低	低

县域	产	城	人
叶城县	低	高	低
麦盖提县	低	低	低
岳普湖县	低	低	低
伽师县	低	低	低
巴楚县	低	低	低
塔什库尔干塔吉克自治县	高	高	低
和田县	高	高	低
墨玉县	低	高	低
皮山县	低	低	低
洛浦县	高	高	低
策勒县	低	低	低
于田县	高	低	低
民丰县	高	低	低

4.3 新疆产城融合进程中"产""城""人"协同演化

4.3.1 "产""城""人"协同发展的序参量识别

可以将产城融合视为一个由"产业支撑、城市功能、人本导向"三个子系统构成的产城融合耦合系统(简称"产""城""人"耦合系统)。"产""城""人"协同演化是指在产"城""人"耦合系统发展演化过程中演化为一种新的有序结构,即形成"产""城""人"协同演化路径；其系统内部各子系统之间相互影响、相互作用的自组织关系即为"产""城""人"耦合系统协同演化机制。根据协同理论，该耦合系统的状态变量为产业支撑、城市功能、人本导向，本书将识别出该耦合系统的序参量，揭示"产""城""人"协同演化机制。

哈肯模型是协同理论创始人哈肯提出的用以衡量系统有序度的重要模型，通过识别序参量来评估系统所处演化阶段，系统所满足的运动方程为：

$$q_1(t) = (1 - \gamma_1)q_1(t - 1) - aq_1(t - 1)q_2(t - 1)$$

$$q_2(t) = (1 - \gamma_2)q_2(t - 1) + bq_1^2(t - 1)$$

其中：γ_1、γ_2 为子系统的阻尼系数，$|\gamma_2| >> |\gamma_1|$ 且 $\gamma_2 > 0$ 被称为该运动系统成立的"绝热近似假设"条件。

在分析产城融合进程中"产""城""人"耦合协同演化时，也可借用哈肯模型的研究思路及方法，通过分析产城融合进程中"产""城""人"耦合协同演化的序参量确定主要作用参量。由于本书中共有产业支撑（"产"IS）、城市功能（"城"UF）、人本导向（"人"HO）3个变量，而哈肯模型是针对2个变量的序参量识别，因此需对3个变量进行两两分析、构造运动方程，进而确定产城融合进程中"产""城""人"的协同演化路径。

4.3.2 各地州（市）"产""城""人"协同演化分析

2005—2018年新疆14个地州（市）除博尔塔拉蒙古自治州、克孜勒苏柯尔克孜自治州2个地州外，其余12个地州（市）的"产""城""人"协同演化过程中不具有明确的序参量（见表4-12）。这说明新疆大部分地州（市）在城镇化进程中存在"产业支撑""城市功能""人本导向"三者之间的发展失衡，也引发了城镇土地利用效率低、经济发展模式粗放、人地关系矛盾凸显等一系列问题。

表4-12　各地州（市）"产""城""人"协同演化序参量识别

地州（市）	序参量					
	$UF{\rightarrow}IS$	$IS{\rightarrow}UF$	$UF{\rightarrow}HO$	$HO{\rightarrow}IS$	$IS{\rightarrow}HO$	$HO{\rightarrow}IS$
乌鲁木齐市	×	×	×	×	×	×
克拉玛依市	×	×	×	×	×	×
吐鲁番市	×	×	×	×	×	×
哈密市	×	×	×	×	×	×
昌吉回族自治州	×	×	×	×	×	×
伊犁州直属县（市）	×	×	×	×	×	×
塔城地区	×	×	×	×	×	×
阿勒泰地区	×	×	×	×	×	×
博尔塔拉蒙古自治州	√	×	×	×	×	×
巴音郭楞蒙古自治州	×	×	×	×	×	×
阿克苏地区	×	×	×	×	×	×
克孜勒苏柯尔克孜自治州	×	√	×	×	×	×
喀什地区	×	×	×	×	×	×
和田地区	×	×	×	×	×	×

注：在识别序参量时，需要依次检验运动方程是否成立，是否满足绝热近似假设；若两者都满足则序参量存在。"√"表示存在序参量，"×"表示不存在序参量。

博尔塔拉蒙古自治州、克孜勒苏柯尔克孜自治州"产""城""人"协同演化过程中具有不同的序参量，也就是动力机制和演化路径存在一定的差异。见表4-13，博尔塔拉蒙古自治州"产""城""人"协同演化的序参量是城市功能（UF），其动力机制为城市功能→产业支撑，形成了"城市功能→产业支撑"的演化路径；克孜勒苏柯尔克孜自治州"产""城""人"协同演化的序参量是产业支撑

（IS），其动力机制为产业支撑→城市功能，形成了"产业支撑→城市功能"的演化路径。

表4-13　地州（市）"产""城""人"协同演化运动方程系数

地州（市）	序参量	γ_1	a	γ_2	b
博尔塔拉蒙古自治州	UF→IS	−0.3114***	−0.2068***	0.3620**	−0.3287*
		（0.0662）	（0.0429）	（0.1692）	（0.1600）
	IS→UF	−0.0454***	−0.0468	−0.2013***	0.1121***
		（0.2074）	（0.1622）	（0.0520）	（0.0279）
	UF→HO	−0.8084***	−0.5958***	−0.0196***	0.0224
		（0.2026）	（0.1479）	（0.1263）	（0.1061）
	HO→IS	−0.0656***	−0.0570	−0.4048**	0.2808
		（0.1853）	（0.1451）	（0.4191）	（0.2853）
	IS→HO	−0.3253***	−0.2478	0.0097***	−0.0015
		（0.3067）	（0.2238）	（0.0696）	（0.0399）
	HO→IS	−0.0054***	−0.0082	00.3873*	−0.3067
		（0.1148）	（0.0744）	（0.2781）	（0.2286）
克孜勒苏柯尔克孜自治州	UF→IS	−1.8088**	−1.1365	−0.0172***	0.0194***
		（1.1663）	（0.7268）	（0.0052）	（0.0053）
	IS→UF	−0.0343***	−0.0288***	0.6747*	−0.2679**
		（0.0096）	（0.0076）	（0.2135）	（0.1040）
	UF→HO	−0.1996***	−0.1574	0.0639***	−0.0465
		（0.2419）	（0.1775）	（0.0609）	（0.0525）
	HO→IS	0.0313***	0.0169	0.1114***	−0.0653
		（0.0863）	（0.0687）	（0.2278）	（0.1540）
	IS→HO	−0.0403***	−0.0309**	0.1894***	−0.0949
		（0.0125）	（0.0092）	（0.1487）	（0.0786）
	HO→IS	−0.0952*	−0.0656	−0.0209***	0.0197**
		（0.5626）	（0.3506）	（0.0070）	（0.0061）

注："***""**""*"分别表示1%、5%、10%显著性水平，括号内为标准误差。

4.3.3　各县级市"产""城""人"协同演化分析

在本书研究的新疆17个县级市中2008—2018年除昌吉、阜康、五家渠3个县级市外，其余14个县级市的"产""城""人"协同演化过程中不具有明确的序参量（见表4-14）。这说明新疆大部分县级市在城镇化进程中存在"产业支撑""城市功能""人本导向"三者之间的发展失衡，也引发了城镇土地利用效率低、经济发展模式粗放、人地关系矛盾凸显等一系列问题。

表4-14　**各县级市"产""城""人"协同演化序参量识别**

县级市	序参量					
	UF→IS	IS→UF	UF→HO	HO→IS	IS→HO	HO→IS
昌 吉	×	×	×	×	√	×
阜 康	×	×	√	×	×	×
博 乐	×	×	×	×	×	×
库尔勒	×	×	×	×	×	×
阿克苏	×	×	×	×	×	×
阿图什	×	×	×	×	×	×
喀 什	×	×	×	×	×	×
和 田	×	×	×	×	×	×
伊 宁	×	×	×	×	×	×
奎 屯	×	×	×	×	×	×
塔 城	×	×	×	×	×	×
乌 苏	×	×	×	×	×	×
阿勒泰	×	×	×	×	×	×
石河子	×	×	×	×	×	×
阿拉尔	×	×	×	×	×	×
图木舒克	×	×	×	×	×	×
五家渠	×	×	×	×	√	×

注：在识别序参量时，需要依次检验运动方程是否成立，是否满足绝热近似假设；若两者都满足则序参量存在。"√"表示存在序参量，"×"表示不存在序参量。

昌吉、阜康、五家渠3个县级市"产""城""人"协同演化过程中具有不同的序参量，也就是动力机制和演化路径存在一定的差异（见表4-15）。昌吉"产""城""人"协同演化的序参量是产业支撑（IS），其动力机制为产业支撑→人本导向，形成了"产业支撑→人本导向"的演化路径；阜康"产""城""人"协同演化的序参量是城镇功能（UF），其动力机制为城镇功能→人本导向，形成了"城镇功能→人本导向"的演化路径；五家渠"产""城""人"协同演化的序参量是产业支撑（IS），其动力机制为产业支撑→人本导向，形成了"产业支撑→人本导向"的演化路径。

表4-15　　县级市"产""城""人"协同演化运动方程系数

县级市	序参量	γ_1	a	γ_2	b
昌吉	$IS \to HO$	−0.2869***	−0.2136**	0.3592***	−0.2030**
		(0.1027)	(0.0760)	(0.1393)	(0.0797)
阜康	$UF \to HO$	−0.1944***	−0.1471*	0.4241**	−0.3544*
		(0.1076)	(0.0786)	(0.2167)	(0.1855)
五家渠	$IS \to HO$	−0.1131***	−0.0915**	0.1872***	−0.0974
		(0.0433)	(0.0320)	(0.0778)	(0.0438)

注："***""**""*"分别表示1%、5%、10%显著性水平，括号内为标准误差。

4.3.4　各县域"产""城""人"协同演化分析

在本书研究的新疆67个县域中2010—2018年除伊宁县、温宿县2个县域外，其余65个县域的"产""城""人"协同演化过程中不具有明确的序参量（见表4-16）。这说明新疆绝大部分县域在城镇化进程中存在"产业支撑""城市功能""人本导向"三者之间的发展失衡，也引发了城镇土地利用效率低、经济发展模式粗放、人地关系矛盾凸显等一系列问题。

表4-16　　各县域"产""城""人"协同演化序参量识别

县级市	序参量					
	$UF \to IS$	$IS \to UF$	$UF \to HO$	$HO \to IS$	$IS \to HO$	$HO \to IS$
鄯善县	×	×	×	×	×	×
托克逊县	×	×	×	×	×	×
巴里坤哈萨克自治县	×	×	×	×	×	×
伊吾县	×	×	×	×	×	×
呼图壁县	×	×	×	×	×	×
玛纳斯县	×	×	×	×	×	×
奇台县	×	×	×	×	×	×
吉木萨尔县	×	×	×	×	×	×
木垒哈萨克自治县	×	×	×	×	×	×
伊宁县	√	×	×	×	×	×
察布查尔锡伯自治县	×	×	×	×	×	×
霍城县	×	×	×	×	×	×
巩留县	×	×	×	×	×	×
新源县	×	×	×	×	×	×
昭苏县	×	×	×	×	×	×
特克斯县	×	×	×	×	×	×
尼勒克县	×	×	×	×	×	×
额敏县	×	×	×	×	×	×
沙湾县	×	×	×	×	×	×
托里县	×	×	×	×	×	×

县级市	序参量					
	UF→IS	IS→UF	UF→HO	HO→IS	IS→HO	HO→IS
裕民县	×	×	×	×	×	×
和布克赛尔蒙古自治县	×	×	×	×	×	×
布尔津县	×	×	×	×	×	×
富蕴县	×	×	×	×	×	×
福海县	×	×	×	×	×	×
哈巴河县	×	×	×	×	×	×
青河县	×	×	×	×	×	√
吉木乃县	×	×	×	×	×	×
精河县	×	×	×	×	×	×
温泉县	×	×	×	×	×	×
轮台县	×	×	×	×	×	×
尉犁县	×	×	×	×	×	×
若羌县	×	×	×	×	×	×
且末县	×	×	×	×	×	×
焉耆回族自治县	×	×	×	×	×	×
和静县	×	×	×	×	×	×
和硕县	×	×	×	×	×	×
博湖县	×	×	×	×	×	×
温宿县	×	×	×	×	×	√
库车县	×	×	×	×	×	×

县级市	序参量					
	UF→IS	IS→UF	UF→HO	HO→IS	IS→HO	HO→IS
沙雅县	×	×	×	×	×	×
新和县	×	×	×	×	×	×
拜城县	×	×	×	×	×	×
乌什县	×	×	×	×	×	×
阿瓦提县	×	×	×	×	×	×
柯坪县	×	×	×	×	×	×
阿克陶县	×	×	×	×	×	×
阿合奇县	×	×	×	×	×	×
乌恰县	×	×	×	×	×	×
疏附县	×	×	×	×	×	×
疏勒县	×	×	×	×	×	×
英吉沙县	×	×	×	×	×	×
泽普县	×	×	×	×	×	×
莎车县	×	×	×	×	×	×
叶城县	×	×	×	×	×	×
麦盖提县	×	×	×	×	×	×
岳普湖县	×	×	×	×	×	×
伽师县	×	×	×	×	×	×
巴楚县	×	×	×	×	×	×
塔什库尔干塔吉克自治县	×	×	×	×	×	×
和田县	×	×	×	×	×	×

县级市	序参量					
	$UF{\rightarrow}IS$	$IS{\rightarrow}UF$	$UF{\rightarrow}HO$	$HO{\rightarrow}IS$	$IS{\rightarrow}HO$	$HO{\rightarrow}IS$
墨玉县	×	×	×	×	×	×
皮山县	×	×	×	×	×	×
洛浦县	×	×	×	×	×	×
策勒县	×	×	×	×	×	×
于田县	×	×	×	×	×	×
民丰县	×	×	×	×	×	×

注：在识别序参量时，需要依次检验运动方程是否成立，是否满足绝热近似假设；若两者都满足则序参量存在。"√"表示存在序参量，"×"表示不存在序参量。

伊宁县、温宿县2个县域"产""城""人"协同演化过程中具有不同的序参量，也就是动力机制和演化路径存在一定的差异。伊宁县"产""城""人"协同演化的序参量是城市功能（UF），其动力机制为城市功能→产业支撑，形成了"城市功能→产业支撑"的演化路径（见表4-17）；温宿县"产""城""人"协同演化的序参量是人本导向（HO），其动力机制为人本导向→产业支撑，形成了"人本导向→产业支撑"的演化路径（见表4-17）。

表4-17　县域"产""城""人"协同演化运动方程系数

地州（市）	序参量	γ_1	a	γ_2	b
伊宁县	$UF{\rightarrow}IS$	−0.2376***	0.8326*	0.5422**	−0.7437**
		(0.1320)	(0.4266)	(0.1658)	(0.2397)
	$IS{\rightarrow}UF$	0.8081	−1.6865*	−0.1503***	0.8204**
		(0.3299)	(0.7147)	(0.0700)	(0.3358)

地州（市）	序参量	γ_1	a	γ_2	b
伊宁县	$UF{\rightarrow}HO$	−0.0654*	0.1720	0.0438***	−0.0773
		（0.4372）	（0.8853）	（0.0290）	（0.0671）
	$HO{\rightarrow}IS$	0.0596***	−0.1067	−0.1348*	0.2924
		（0.0471）	（0.1021）	（0.5652）	（1.0707）
	$IS{\rightarrow}HO$	1.9015	−3.7935*	−0.0085***	0.0985
		（0.9189）	（1.8631）	（0.0280）	（0.1442）
	$HO{\rightarrow}IS$	−0.0118***	0.0723	0.7381	−0.8994
		（0.0493）	（0.1596）	（0.4359）	（0.5537）
温宿县	$UF{\rightarrow}IS$	0.0193	−0.0433***	0.3342***	−0.3731
		（0.0269）	（0.0780）	（0.1506）	（0.2089）
	$IS{\rightarrow}UF$	−1.4266	2.9915	0.0129***	−0.0350
		（1.4926）	（2.9892）	（0.0139）	（0.0561）
	$UF{\rightarrow}HO$	−0.0034***	0.0158	0.2985*	−0.5838
		（0.2240）	（0.4463）	（0.3065）	（0.6201）
	$HO{\rightarrow}IS$	0.4707*	−0.9251	0.0414***	−0.0729
		（0.2463）	（0.4944）	（0.1879）	（0.3716）
	$IS{\rightarrow}HO$	−0.9755	2.0709	0.0368***	−0.1131*
		（1.3188）	（2.6193）	（0.0131）	（0.0532）
	$HO{\rightarrow}IS$	0.0652***	−0.1614*	0.3662***	−0.4113*
		（0.0239）	（0.0691）	（0.1516）	（0.2071）

注："***""**""*"分别表示1%、5%、10%显著性水平，括号内为标准误差。

第 5 章

新疆产城融合发展影响因素分析

5.1 新疆产城融合发展影响因素的通径分析

5.1.1 偏最小二乘通径分析模型概述

偏最小二乘通径分析模型是由伍德于1975年提出的。它是一种线性统计建模方法,与结构方程模型工作目标一致,但回归思路不同,偏最小二乘通径分析模型对样本点容量的要求相对宽松。偏最小二乘通径分析模型包含两类性质不同的变量(显变量和隐变量),其分析模型由结构模型和测量模型组成。偏最小二乘通径分析主要是通过迭代的方法对隐变量进行估计,然后根据模型的设定对隐、显变量之间的关系方程进行估计。模型估计可从两方面进行:一是进行隐变量之间的关联关系的内部估计,二是根据隐变量与显变量之间的关系来进行隐变量的外部估计。

5.1.2 产城融合发展影响因素指标体系构建

在运用偏最小二乘通径分析模型分析产城融合发展的影响因素时,主要从产城融合整体发展水平以及三个子系统发展水平分析。产城融合发展水平用产城融合综合度来表示;产城融合发展包括了"产业支撑""城市功能""人本导向"三个子系统,分别用第4章评价指标体系中的"产业支撑水平(U_1)""城市功能水平(U_2)""人本导向水平(U_3)"衡量。

借鉴刘欣英(2016)关于产城融合影响因素的研究成果,本书从经济发展、产业发展环境、城市化水平、政府支持引导等方面对产城融合发展的影响因素进行研究。具体来说,本书从经济规模、产业结构、科技创新三个方面分析经济实力;从生活水平、城市规模、公共服务三个方面分析城市化水平；从贸易发展、金融发展、利用外资三个方面分析发展环境；用财政支出规模衡量政府的支撑引导作用；从资本、劳动两个方面分析产业生产要素。

经济实力：用 GDP、平均每天各种能源消费量衡量经济规模；用产业结构优化升级系数衡量产业结构；用发明专利批准数、企事业单位主要专业技术人员数、研究与开发经费支出与 GDP 比例衡量科技创新。

产业生产要素：用人口规模衡量劳动力数量；用固定资产投资衡量资本规模。

城市化水平：用平均每人生活消费能源衡量生活水平；用建成区面积衡量城市规模；用下水道长度、公园面积衡量公共服务水平。

发展环境：用进出口总额衡量贸易发展水平；用存贷款总额衡量金融发展水平；用实际利用外资总额衡量利用外资水平。

政府：用财政支出规模衡量政府的支撑引导作用。

新疆产城融合发展影响因素指标体系见表 5-1。

表 5-1　　　　　　　新疆产城融合发展影响因素指标体系

隐变量	显变量
产城融合	产城融合度
产业支撑	产业支撑水平（U_1）
城市功能	城市功能水平（U_2）
人本导向	人本导向水平（U_3）
经济实力	GDP
	平均每天各种能源消费量
	产业结构优化升级系数

隐变量	显变量
经济实力	发明专利批准数
	企事业单位主要专业技术人员数
	研究与开发经费支出与GDP比例
产业生产要素	人口规模
	固定资产投资
城市化水平	平均每人生活消费能源
	建成区面积
	下水道长度
	公园面积
发展环境	进出口
	存贷款
	实际利用外资
政府	财政支出规模

5.1.3 产城融合发展影响因素实证分析

1）数据来源与处理

由于数据可得性的问题，本书选用2005—2018年有关数据对新疆产城融合发展的影响因素进行分析，数据来源于2006—2019年《新疆统计年鉴》以及历年各地州（市）国民经济和社会发展统计公报。为避免数据的量纲不同对分析结果造成影响，在采集收集数据过程中全部采用相对数据，同时在数据分析前对显变量原始数据进行标准化处理，并运用SMARTPLUS软件进行新疆产城融合影响因素通径分析。

2）模型分析

（1）产城融合影响因素偏最小二乘通径分析

运用偏最小二乘通径分析模型收敛效度及内部一致性信度评价模型效果，主要涉及 T 统计量、平均方差提取率（AVE）、组合信度（Composite Reliability）与克朗巴哈系数（α）。如果平均方差提取率大于 0.5，T 值大于 1.96，克朗巴哈系数大于 0.7，组合信度大于 0.7，则认为模型内部收敛效度较高。计算结果显示（见表 5-2），模型收敛效度较好，内部一致性好，模型效果符合要求。

表 5-2   **产城融合通径分析信度及效度评价**

	克朗巴哈系数（α）	T值	组合信度	平均方差提取率（AVE）
产业生产要素	0.961	0.961	0.981	0.962
产城融合	0.896	0.914	0.936	0.832
发展环境	0.825	0.832	0.894	0.739
城市化水平	0.911	0.921	0.944	0.850
政府	1.000	1.000	1.000	1.000
经济实力	0.975	0.981	0.984	0.953

模型结果表明，发展环境对新疆产城融合发展的通径系数显著为正，显著性水平均为 1%；产业生产要素对新疆产城融合发展的通径系数为正，但不显著；城市化水平对新疆产城融合发展的通径系数为负，但不显著；政府对新疆产城融合发展的通径系数为正，但不显著；经济实力对新疆产城融合发展的通径系数为负，但不显著，如表 5-3 和图 5-1 所示。

（2）产业支撑影响因素偏最小二乘通径分析模型分析

计算结果显示（见表 5-4），模型收敛效度较好，内部一致性好，模型效果符合要求。

表 5-3   产城融合通径系数及显著性水平

	初始样本 (O)	样本均值 (M)	标准差 (STDEV)	T统计量 (|O/STDEV|)	P值
产业生产要素→产城融合	0.005	-0.042	0.786	0.006	0.995
发展环境→产城融合	0.517	0.554	0.175	2.945	0.003***
城市化水平→产城融合	-0.015	-0.071	0.527	0.028	0.978
政府→产城融合	0.584	0.676	0.822	0.711	0.477
经济实力→产城融合	-0.063	-0.09	0.551	0.115	0.909

注："***""**""*"分别表示1%、5%、10%显著性水平。

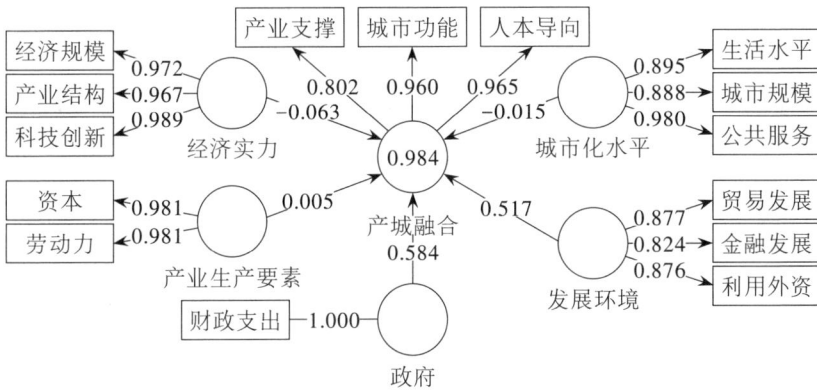

图 5-1 产城融合通径系数及显变量外部权重

表 5-4   产业支撑通径分析信度及效度评价

	克朗巴哈系数 (α)	T值	组合信度	平均方差提取率 (AVE)
产业支撑	1.000	1.000	1.000	1.000
产业生产要素	0.961	0.991	0.981	0.962
发展环境	0.825	0.876	0.895	0.742
城市化水平	0.911	0.934	0.944	0.849
政府	1.000	1.000	1.000	1.000
经济实力	0.975	1.022	0.983	0.952

模型结果表明，发展环境对新疆产城融合发展中产业支撑的通径系数显著为正，显著性水平均为1%；产业生产要素对新疆产城融合发展中产业支撑的通径系数为正，但不显著；城市化水平对新疆产城融合发展中产业支撑的通径系数为正，但不显著；政府对新疆产城融合发展中产业支撑的通径系数为负，但不显著；经济实力对新疆产城融合发展中产业支撑的通径系数为负，但不显著，如表5-5和图5-2所示。

表5-5　　　　　　　　　产业支撑通径系数及显著性水平

	初始样本（O）	样本均值（M）	标准差（STDEV）	T统计量（|O/STDEV|）	P值
产业生产要素→产业支撑	0.270	0.305	2.315	0.116	0.907
发展环境→产业支撑	1.110	1.135	0.394	2.819	0.005***
城市化水平→产业支撑	0.278	0.278	1.627	0.171	0.864
政府→产业支撑	−0.386	−0.325	2.735	0.141	0.888
经济实力→产业支撑	−0.401	−0.505	2.536	0.158	0.875

注："***""**""*"分别表示1%、5%、10%显著性水平。

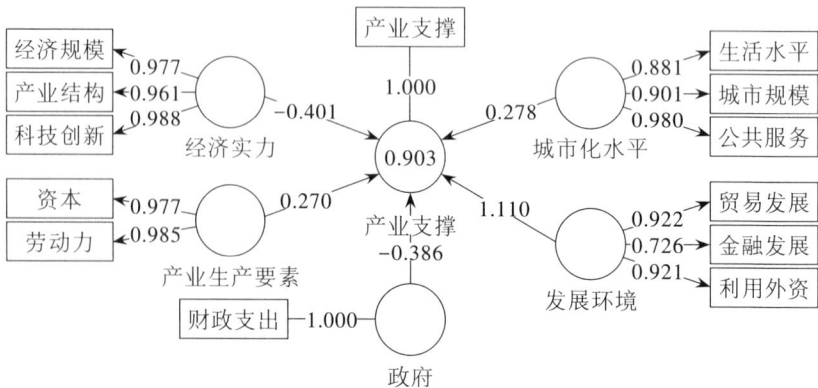

图5-2　产业支撑通径系数及显变量外部权重

（3）城市功能影响因素偏最小二乘通径分析模型分析

计算结果显示（见表5-6），模型收敛效度较好，内部一致性好，模型效果符合要求。

表5-6　　　　　城市功能通径分析信度及效度评价

	克朗巴哈系数 （α）	T值	组合信度	平均方差提取率 （AVE）
产业支撑	1.000	1.000	1.000	1.000
产业生产要素	0.961	0.961	0.981	0.962
发展环境	0.825	0.892	0.889	0.728
城市化水平	0.911	0.920	0.944	0.850
政府	1.000	1.000	1.000	1.000
经济实力	0.975	0.977	0.984	0.953

模型结果表明，产业生产要素对新疆产城融合发展中城市功能的通径系数为正，但不显著；发展环境对新疆产城融合发展中城市功能的通径系数显著为正，但不显著；城市化水平对新疆产城融合发展中城市功能的通径系数为负，但不显著；政府对新疆产城融合发展中城市功能的通径系数为正，但不显著；经济实力对新疆产城融合发展中城市功能的通径系数为负，但不显著，如表5-7和图5-3所示。

表5-7　　　　　城市功能通径系数及显著性水平

	初始样本 （O）	样本均值 （M）	标准差 （STDEV）	T统计量 （|O/STDEV|）	P值
产业生产要素→城市功能	0.571	0.48	1.338	0.427	0.670
发展环境→城市功能	0.011	0.02	0.526	0.021	0.983
城市化水平→城市功能	−0.195	−0.313	0.595	0.327	0.743
政府→城市功能	0.637	0.793	1.087	0.586	0.558
经济实力→城市功能	−0.042	0.004	0.596	0.07	0.945

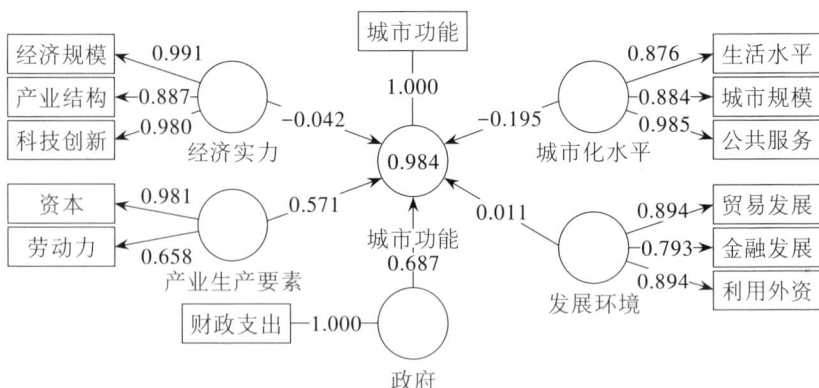

图 5-3　城市功能通径系数及显变量外部权重

（4）人本导向影响因素偏最小二乘通径分析模型分析

计算结果显示（见表 5-8、表 5-9），模型收敛效度较好，内部一致性好，模型效果符合要求。

表 5-8　　　　　　　　人本导向通径分析信度及效度评价

	克朗巴哈系数（α）	T值	组合信度	平均方差提取率（AVE）
产业生产要素	0.961	0.962	0.981	0.962
人本导向	1.000	1.000	1.000	1.000
发展环境	0.825	0.887	0.890	0.729
城市化水平	0.911	0.921	0.944	0.850
政府	1.000	1.000	1.000	1.000
经济实力	0.975	0.978	0.984	0.953

模型结果表明，产业生产要素对新疆产城融合发展中人本导向的通径系数为负，但不显著；发展环境对新疆产城融合发展中人本导向的通径系数显著为正，但不显著；城市化水平对新疆产城融合发展中人本导向的通径系数为负，但不显著；政府对新疆产城融合发展中人

本导向的通径系数为正，但不显著；经济实力对新疆产城融合发展中人本导向的通径系数为正，但不显著，如表5-9所示和图5-4所示。

表5-9 人本导向通径系数及显著性水平

	初始样本 （O）	样本均值 （M）	标准差 （STDEV）	T统计量 （|O/STDEV|）	P值
产业生产要素→人本导向	0.917	-0.826	0.728	-0.667	0.360
发展环境→人本导向	0.996	0.247	0.211	0.210	0.320
城市化水平→人本导向	0.188	-0.158	0.363	-0.068	0.851
政府→人本导向	1.826	1.471	0.730	1.333	0.068
经济实力→人本导向	0.402	0.274	0.493	0.198	0.688

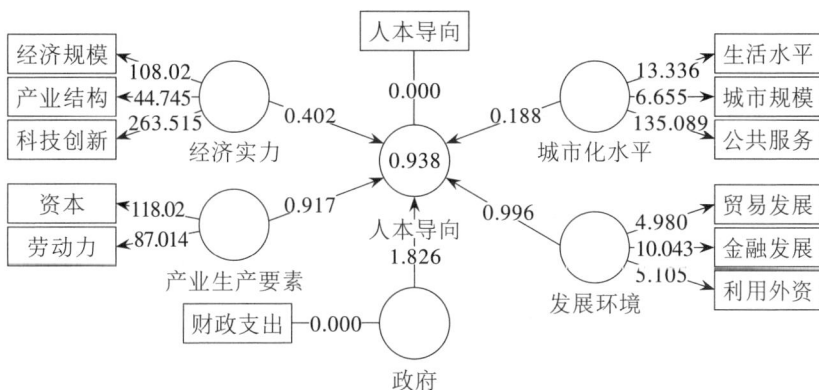

图5-4 人本导向通径系数及显变量外部权重

5.2 新疆各地州（市）产城融合发展影响因素的实证分析

5.2.1 实证模型的构建

城镇化具有较为明显的行政主导色彩，由于政府垄断公共基础设施建设和产业发展所需要的重要因素——土地，因而不同地区的城镇化路径受到区域土地增量的规模与结构的影响。由于不同城市之间广泛存在的差异，利用土地要素来推进城镇化发展，形成了"引凤筑巢"与"筑巢引凤"两条较具有代表性的路径（李扬，2015；丛海彬，2017）。大多数城市往往会要么侧重"引凤筑巢"，继而"筑巢引凤"，要么侧重"筑巢引凤"，继而"引凤筑巢"，但不论率先侧重什么，城镇发展的出发点和落脚点都是城镇产业的发展，立足点都是"人本导向"。本书构建面板数据模型检验土地出让的产业偏向是否促进了产城融合发展，探讨土地出让产业偏向对新疆产城融合发展的影响。

$$COOD_{it} = \chi_i + a_0 + a_1 IPB_{it} + a_2 CONTROL_{it} + \varepsilon_{it} \qquad (5-1)$$

$$COMD_{it} = \chi_i + b_0 + b_1 IPB_{it} + b_2 CONTROL_{it} + \varepsilon_{it} \qquad (5-2)$$

$$COUD_{it} = \chi_i + c_0 + c_1 IPB_{it} + c_2 CONTROL_{it} + \varepsilon_{it} \qquad (5-3)$$

$$COOD_{it} = \chi_i + d_0 + d_1 COOD_{it-1} + d_2 IPB_{it} + d_3 CONTROL_{it} + \varepsilon_{it} \qquad (5-4)$$

$$COMD_{it} = \chi_i + e_0 + e_1 COMD_{it-1} + e_2 IPB_{it} + e_3 CONTROL_{it} + \varepsilon_{it} \qquad (5-5)$$

$$COUD_{it} = \chi_i + f_0 + f_1 COOD_{it-1} + f_2 IPB_{it} + f_3 CONTROL_{it} + \varepsilon_{it} \qquad (5-6)$$

其中：$COOD_{it}$ 表示产城融合度；$COMD_{it}$ 表示产城融合综合度；$COUD_{it}$ 表示产城融合耦合度；IPB_{it} 表示土地出让产业偏向；$CONTROL_{it}$ 表示控制变量。

模型（5-1）、模型（5-2）、模型（5-3）采用个体固定效应模型。模型（5-4）、模型（5-5）、模型（5-6）右侧包含了产城融合水平的一阶滞后项，同时存在土地出让产业偏向的内生性问题，因此本书在模型估计时采用广义矩估计（GMM）方法，这样有助于克服土地出让产业偏向内生性问题，以及由于差分GMM估计（差分广义矩估计）的弱工具变量导致的小样本偏误问题。

5.2.2 指标选取

1）被解释变量

产城融合度（*COOD*）、产城融合综合度（*COMD*）、产城融合耦合度（*COUD*）：由第 4 章中新疆产城融合评价指标体系可得各地州（市）产城融合度、产城融合综合度和产城融合耦合度水平。

2）解释变量

借鉴范剑勇（2014）、丛海彬（2017）研究成果，运用土地协议出让价格与土地"招拍挂"价格比值表示土地出让产业偏向（*IPB*）。地方政府协议出让的土地主要为工业用地，用于城市产业的发展；"招拍挂"出让的土地主要为住宅和商业用地，用于城市功能的完善。地方政府土地出让产业偏向与土地出让价格在某种程度上决定了城市的发展路径，土地协议出让价格与土地"招拍挂"价格比值越大，说明政府更加偏重产业发展，倾向于采用"引凤筑巢"的城市化路径；土地协议出让价格与土地"招拍挂"价格比值越小，说明政府更加偏重城市发展，倾向于采用"筑巢引凤"的城市化路径。

3）控制变量

贸易开放（*TOPEN*）：用进出口与 *GDP* 的比值表示。

投资开放（*IOPEN*）：用实际利用外资占 *GDP* 比重表示。

财政自给（*FSS*）：用财政收入与财政支出比值表示。

产业结构优化水平（*LNINSTR*）：用产业结构优化升级系数的对数表示，产业结构优化升级系数为一产比重、二倍的二产比重与三倍的三产比重之和。

企业规模（*ISCALE*）：用规模以上企业平均产值的对数表示。

企业数量（*NOE*）：用规模以上企业数表示。

5.2.3 数据来源

数据来源于 2006—2019 年《新疆统计年鉴》《中国国土资源统计年鉴》，以及各地州（市）统计年鉴及统计公报。表 5-10 报告了变量的描述性统计信息。

表 5-10 变量描述性统计

变量	均值	标准差	最小值	最大值
COOD	0.6083	0.0127	0.5796	0.6440
COMD	0.7455	0.0306	0.6755	0.8315
COUD	0.4966	0.0009	0.4941	0.4989
IPB	1.4419	6.6891	0.0008	88.9161
TOPEN	0.2380	0.3639	0.0000	2.5506
IOPEN	0.0025	0.0072	0.0000	0.0884
FSS	0.3776	0.2488	0.0598	1.2327
LNINSTR	5.3745	0.0759	5.2510	5.5950
ISCALE	0.4182	0.9988	−2.1967	3.2747
NOE	139.0824	110.1303	10.0000	463.0000

5.2.4 实证结果分析

表 5-11 中第（4）至（6）列为系统 GMM 的估计结果，Sargan 检验结果表明各模型不存在工具变量过度识别的问题，工具变量是有效的，而 Arelleno-Bond 检验表明各模型残差之间存在一阶自相关关系，不存在二阶自相关关系。因此，第（4）至（6）列系统 GMM 估计量是一致且有效的。

表 5-11　　新疆各地州（市）产城融合发展影响因素分析

解释变量	被解释变量					
	（1）	（2）	（3）	（4）	（5）	（6）
	COOD	COMD	COUD	COOD	COMD	COUD
IPB	0.0000*	0.0001*	−0.0000	0.0002	0.0004	−0.0000
	(0.0000)	(0.0001)	(0.0000)	(0.0001)	(0.0004)	(0.0000)
TOPEN	−0.0014	−0.0023	−0.0008*	−0.0011	−0.0032	0.00035
	(0.0014)	(0.0037)	(0.0004)	(0.0032)	(0.0081)	(0.0004)
IOPEN	−0.1113***	−0.2965***	0.0175***	0.0294	0.0720	−0.0022
	(0.0140)	(0.0347)	(0.0030)	(0.0498)	(0.1281)	(0.0024)
FSS	−0.0114	−0.0321	0.0016	−0.0014	−0.0051	−0.0000
	(0.0109)	(0.0279)	(0.0010)	(0.0045)	(0.0110)	(0.0007)
LNINSTR	0.0942**	0.2377**	−0.0047*	0.0494***	0.1245***	−0.0023***
	(0.0313)	(0.0794)	(0.0024)	(0.0187)	(0.0476)	(0.0009)
ISCALE	0.0075***	0.0185***	−0.0001	0.0039***	0.0098***	0.0000
	(0.0012)	(0.0030)	(0.0001)	(0.0012)	(0.0030)	(0.0001)
NOE	0.0000	0.0001	0.0000	−0.0000	0.0000	0.0000
	(0.0000)	(0.0001)	(0.0000)	(0.0000)	(0.0000)	(0.0000)
L.COOD				0.6593***		
				(0.0857)		
L.COMD					0.6497***	
					(0.0889)	
L.COUD						0.7636***
						(0.1376)

解释 变量	被解释变量					
	（1）	（2）	（3）	（4）	（5）	（6）
	COOD	COMD	COUD	COOD	COMD	COUD
CONS	0.0984	−0.5398	0.5214***	−0.0583	−0.4075*	0.12968
	(0.1667)	(0.4217)	(0.0130)	(0.0909)	(0.2296)	(0.0681)
AR（1）				−2.8335	−2.8551	−2.3617
p−value				0.0046	0.0043	0.0182
AR（2）				0.7030	0.6218	−0.7157
p−value				0.4820	0.5341	0.4742
Sargan 检验				57.9487	56.1609	55.5858
p−value				0.5872	0.6515	0.6717
$\hat{R}^2$	0.7014	0.6851	0.1878			
N	182	182	182	168	168	168

注："***""**""*"分别表示1%、5%、10%显著性水平，括号内为标准误差。

实证结果表明，土地出让产业偏向可以有效地促进新疆各地州（市）产城融合发展，也就是说，"先产后城"而非"先城后产"是新疆各地州（市）产城融合发展的有效路径，或者说"引凤筑巢"而非"筑巢引凤"更适合新疆各地州（市）产城融合发展。新疆在推进城镇化进程中，城镇发展的产业基础往往相对薄弱，这也是欠发达地区在经济发展中出台各项政策大力招商引资的原因。产业集聚是城镇化顺利推进的重要前提条件和基础保障。地方政府通过土地出让价格的偏向，吸引区域外企业入驻，提高区域内产业集聚水平，进而促进人口的集聚与城镇功能的逐步完善。尤其是在丝绸之路经济带核心区建设和新时期西部大开发背景下，应更加注重"引凤"而非"筑巢"。

区域内投资开放水平的提升会显著抑制新疆各地州（市）产城融合度和综合度的提升，但会显著促进产城融合耦合度的提升，说明外资的流入往往进一步提高产城融合中"产""城""人"三个子系统的协同发展，而不利于产城融合整体水平的提高，这是在外资利用时值得关注的一个问题。这可能是因为外资的流入实现了"引凤"的目的，由于外资企业性质的考虑以及政府的因素，"引凤"过后而忽视了"筑巢"。

区域内产业结构的优化升级会显著地提高新疆各地州（市）产城融合度和综合度，同时会显著地抑制新疆各地州（市）产城融合耦合度的提高。产业结构的优化升级往往会促进"产业支撑"和"城市功能"两个子系统的发展，而"人本导向"子系统相对前两个子系统发展相对缓慢或者滞后，所以随着区域的产业结构的优化升级，产城融合度和综合度在提高，产城融合耦合度的提升会在一定程度上被抑制，所以在推进城镇化进程中在发展"产"和"城"的同时，更应注重"人"这一根本要素。

区域内企业规模的扩大会促进区域产城融合发展。这说明在区域经济发展中要注重产业规模化与产业多样化。在立足区域资源禀赋与政策偏向的基础上做大做强区域内企业的同时，要重点吸引区域外知名企业的入驻，而非重点关注区域外中小企业的入驻。同时也要重点扶持区域中小企业的发展，使其由小变大，由弱变强。由实证结果亦可知工业化的推进可以促进区域产城融合发展水平的提高。这说明在区域产业结构优化升级进程中应注重工业化的推进，而非"去制造业"，工业尤其是制造业的发展会促进区域城镇化的快速发展。

贸易开放会抑制产城融合度和综合度的提高，但不显著，同时会显著抑制耦合度的提高；财政自给能力会抑制产城融合度和综合度的提高，促进耦合度的提高，但不显著；企业数量的提高会促进区域产城融合发展，但不显著。

5.2.5 产城融合中土地出让产业偏向的门槛效应分析

不同区域经济发展实际会影响土地出让产业偏向对产城融合发展的政策效果。本书构建门槛效应模型研究土地出让产业偏向对产城融合发展的门槛效应，检验各控制变量是否会影响土地出让产业偏向对产城融合发展的政策效果。

$$COOD_{it} = \beta_0 + \beta_1 \cdot IPB_{it} d(x \leq k) + \beta_2 \cdot IPB_{it} d(x > k) + \beta_3 \cdot control_{it} + \varepsilon_{it} \quad (5-7)$$

其中：$COOD_t$ 为被解释变量，表示产城融合发展水平；IPB_{it} 表示土地出让产业偏向；x 为门槛变量；k 表示门槛变量门槛值；$control_{it}$ 为控制变量；$d(\cdot)$ 为示性函数，即满足括号内条件时，取值为1，否则为0。

门槛效应检验结果显示，土地出让产业偏向对产城融合发展的影响存在基于财政自给能力、企业规模和企业数量的单门槛效应（见表5-12和表5-13）。

表5-12　　　　　　　　　　门槛效应检验结果

门槛变量	门槛数	门槛值	F值	P值	显著性水平		
					10%	5%	1%
FSS	单门槛	0.0839	18.77	0.0200	13.0248	16.4145	20.1159
FSS	双门槛	（0.0839，0.8853）	12.27	0.2167	16.1506	19.0788	31.5468
$ISCALE$	单门槛	−0.2253	19.51	0.0267	13.8797	17.2380	23.3112
$ISCALE$	双门槛	（−1.4715，−0.2253）	8.29	0.4400	15.4064	18.6347	25.7022
NOE	单门槛	78.0000	19.57	0.0533	15.4771	19.8885	28.4264
NOE	双门槛	（78.0000，396.0000）	7.42	0.5367	14.2276	15.9338	23.5174

表 5-13   不同门槛变量下土地出让产业偏向
对产城融合发展的影响系数

核心变量	门槛变量		
	财政自给 （FSS）	企业规模 （ISCALE）	企业数量（NOE）
IPB（x≤k）	0.0000	0.0000	0.0000
	（0.0001）	（0.0001）	（0.0001）
IPB（x>k）	0.0015***	0.0015***	0.0015***
	（0.0003）	（0.0003）	（0.0003）
未达到门槛值的地州 （市）	和田地区	和田地区	克孜勒苏柯尔克孜自治州、 和田地区

注："***""**""*"分别表示1%、5%、10%显著性水平，括号内为标准误差。

实证结果表明，当财政自给小于门槛值时（FSS≤0.0839），土地出让产业偏向对产城融合发展的影响为正，但不显著，政策效果较弱；当财政自给大于门槛值时（FSS>0.0839），土地出让产业偏向对产城融合发展的影响显著为正，系数相对于小于门槛值时变大，说明当财政自给能力大于第一门槛值后土地出让产业偏向政策效果变强。新疆各地州（市）中和田地区财政自给未超过门槛值。

当企业规模小于门槛值时（ISCALE≤-0.2253），土地出让产业偏向对产城融合发展的影响为正，但不显著，政策效果较弱；当企业规模大于门槛值时（ISCALE>-0.2253），土地出让产业偏向对产城融合发展的影响显著为正，系数相对于小于门槛值时变大，说明当企业规模大于第一门槛值后土地出让产业偏向政策效果变强。新疆各地州（市）中和田地区企业规模未超过门槛值。

当企业数量小于门槛值时（*NOE*≤78），土地出让产业偏向对产城融合发展的影响为正，但不显著，政策效果较弱；当企业数量大于门槛值时（*NOE*>78），土地出让产业偏向对产城融合发展的影响显著为正，系数相对于小于门槛值时变大，说明当企业数量大于第一门槛值后土地出让产业偏向政策效果变强。新疆各地州（市）中克孜勒苏柯尔克孜自治州、和田地区企业数量未超过门槛值。

门槛效应的检验结果进一步表明，立足新疆各区域经济发展实际情况，土地出让产业偏向可以有效地促进产城融合发展，也就是说相对于"筑巢引凤"，"引凤筑巢"更适合新疆产城融合发展。

5.3 新疆各县级市产城融合发展影响因素的实证分析

5.3.1 实证模型的构建

县级市产城融合的发展受到一系列因素的影响。基于数据的可得性，本部分主要分析产业结构、企业数量、企业规模、贸易开放、财政自给、金融发展对县级市产城融合的影响，并构建如下面板数据模型：

$$COOD_{it} = \chi_i + \alpha_1 INSTR_{it} + \alpha_2 NOE_{it} + \alpha_3 ISCALE_{it} + \alpha_4 TOPEN_{it} + \alpha_5 FSS_{it} + \alpha_6 FDEV_{it} + \varepsilon_{it} \tag{5-8}$$

$$COMD_{it} = \chi_i + \beta_1 INSTR_{it} + \beta_2 NOE_{it} + \beta_3 ISCALE_{it} + \beta_4 TOPEN_{it} + \beta_5 FSS_{it} + \beta_6 FDEV_{it} + \varepsilon_{it} \tag{5-9}$$

$$COUD_{it} = \chi_i + \gamma_1 INSTR_{it} + \gamma_2 NOE_{it} + \gamma_3 ISCALE_{it} + \gamma_4 TOPEN_{it} + \gamma_5 FSS_{it} + \gamma_6 FDEV_{it} + \varepsilon_{it} \tag{5-10}$$

其中：*COOD* 为产城融合度；*COMD* 为产城融合综合度；*COUD* 为产城融合耦合度；*INSTR* 为产业结构；*NOE* 为企业数量；*ISCALE* 为企业规模；*TOPEN* 为贸易开放；*FSS* 为财政自给；*FDEV* 为金融

发展。

模型（5-8）、模型（5-9）、模型（5-10）分别用个体固定效应模型、个体时点双固定效应模型、随机效应模型回归。

5.3.2 指标选取

1）被解释变量

产城融合度（$COOD$）、产城融合综合度（$COMD$）、产城融合耦合度（$COUD$）：由第4章中新疆产城融合评价指标体系可得各地州（市）产城融合度、产城融合综合度和产城融合耦合度水平。

2）解释变量

产业结构$INSTR$：用产业结构优化升级系数的对数表示，产业结构优化升级系数计算式为 $y_1 + 2y_2 + 3y_3$，其中，y_1，y_2，y_3 分别表示为一产比重、二产比重、三产比重。

企业数量NOE：用规模以上企业数表示。

企业规模$ISCALE$：用规模以上企业工业产值与规模以上企业数的比值表示。

贸易开放$TOPEN$：用进出口总额与GDP之比表示。

财政自给FSS：用财政收入与财政支出之比表示。

金融发展$FDEV$：用存贷款总额与GDP之比表示。

5.3.3 数据来源

数据来源于2009—2019年《新疆统计年鉴》《中国城市统计年鉴》《中国县域统计年鉴》《中国城市建设年鉴》《中国城乡建设统计年鉴》，以及新疆各地州（市）统计年鉴。表5-14报告了变量的描述性统计信息。

表 5-14   变量描述性统计

变量	均值	标准差	最小值	最大值
COMD	0.7508	0.0288	0.6795	0.8034
COUD	0.4971	0.0009	0.4952	0.4987
COOD	0.6108	0.0118	0.5818	0.6322
INSTR	0.8149	0.1257	0.4984	1.0019
NOE	47.8456	34.9505	4.0000	145.0000
ISCALE	9.8307	0.7170	8.5724	11.5862
TOPEN	0.0105	0.0170	0.0000	0.0807
FSS	0.5857	0.4995	0.0783	4.8727
FDEV	2.0727	1.1172	0.1578	4.8563

5.3.4 实证结果分析

表 5-15 中的实证结果表明：产业结构的优化升级可以显著地促进新疆各县级市产城融合度、产城融合综合度和产城融合耦合度的提高；企业数量的增加可以有效地促进新疆各县级市产城融合度和综合度的提升，可以有效地抑制新疆各县级市产城融合耦合度的提升；企业规模的扩大可以有效地促进新疆各县级市产城融合耦合度的提高，虽然可以促进产城融合度和综合度的提高，但不显著；贸易开放对新疆各县级市产城融合度、产城融合综合度和产城融合耦合度的影响不显著；财政自给可以显著地提升新疆各县级市产城融合度和综合度，显著地降低新疆各县级市产城融合耦合度；金融发展会显著地抑制新疆各县级市产城融合度、产城融合综合度和产城融合耦合度的提升。

表5-15　新疆各县级市产城融合发展影响因素分析

被解释变量	COMD			COUD			COOD		
	混合效应	固定效应	随机效应	混合效应	固定效应	随机效应	混合效应	固定效应	随机效应
INSTR	0.1701 (0.1033)	−0.0405 (0.0839)	0.1425*** (0.0350)	0.0037 (0.0037)	0.0104** (0.0033)	0.0004 (0.0016)	0.0722 (0.0404)	−0.0096 (0.0334)	0.0590*** (0.0137)
NOE	0.0009*** (0.0001)	0.0007*** (0.0001)	0.0007*** (0.0001)	−0.0000 (0.0000)	−0.0000 (0.0000)	−0.0000 (0.0000)	0.0003*** (0.0000)	0.0003*** (0.0000)	0.0003*** (0.0000)
ISCALE	0.0044 (0.0083)	0.0085 (0.0066)	0.0064 (0.0058)	0.0010*** (0.0002)	0.0008* (0.0002)	0.0009*** (0.0001)	0.0023 (0.0033)	0.0039 (0.0026)	0.0031 (0.0023)
TOPEN	0.0903 (0.0912)	0.0434 (0.0650)	0.0834 (0.0970)	−0.0015 (0.0035)	0.0015 (0.0032)	−0.0018 (0.0034)	0.0359 (0.0362)	0.0187 (0.0256)	0.0333 (0.0384)
FSS	0.0018 (0.0012)	0.0034** (0.0015)	0.00109 (0.0020)	−0.0001 (0.0001)	−0.0002** (0.0001)	−0.0001 (0.0001)	0.0007 (0.0005)	0.0014** (0.0006)	0.0005 (0.0008)

被解释变量	COMD			COUD			COOD		
	固定效应	固定效应	随机效应	固定效应	固定效应	随机效应	固定效应	固定效应	随机效应
FDEV	-0.0067*	-0.0014	-0.0090**	0.0000	-0.0002*	-0.0000	-0.0027*	-0.0007	-0.0037**
	(0.0035)	(0.0032)	(0.0035)	(0.0001)	(0.0001)	(0.0001)	(0.0014)	(0.0013)	(0.0014)
CONS	0.5400***	0.6551***	0.5542***	0.4850***	0.4817***	0.4882***	0.5177***	0.5628***	0.5252***
	(0.1115)	(0.0953)	(0.0605)	(0.0035)	(0.0037)	(0.0015)	(0.0442)	(0.0385)	(0.0247)
个体效应	YES	YES		YES	YES		YES	YES	
时点效应	NO	YES		NO	YES		NO	YES	
N	136	136	136	136	136	136	136	136	136
R^2	0.6652	0.7493	0.6735	0.2176	0.3686	0.2261	0.6791	0.7569	0.6871
F	29.13	61.62		4.59	12.67		31.32	76.41	
Wald chi²			104.14			73.30			117.81

注：“***”“**”“*”分别表示1%、5%、10%显著性水平，括号内为标准误差。

产业结构的优化升级促进了区域产业的集聚，同时随着城市规模的扩大，更多的劳动力由区域外流向城镇，可以在一定程度上促进城市的产城融合发展；城市内企业数量的增加提高了城镇化的产业支撑能力，同时也集聚了更多的人口，但随着企业数量的增多，产城融合系统中"产""城""人"三个子系统的协同耦合程度会下降，也就是说在县级市城市化初级阶段企业的集聚会在一定程度上出现"城市病"的问题；随着企业规模的扩大，企业在不断提升城市产业支撑水平的基础上，也更多地参与城市功能的完善，同时也更加注重城镇化中"人"的因素，从而使产城融合系统中"产""城""人"三个子系统的协同耦合程度不断提升；在县级市城镇化发展中，政府把较多的资源投入"引凤"抑或"筑巢"中，往往忽略了产城融合中的"人本导向"。

5.3.5　产城融合中经济规模的门槛效应分析

不同县级市的经济发展实际会影响各经济规模对产城融合发展的政策效果。本书构建门槛效应模型研究经济规模对产城融合发展的门槛效应，检验各影响因素是否会影响经济规模对产城融合发展的政策效果。

$$COOD_{it} = \beta_0 + \beta_1 GDP_{it} d(x \leqslant k) + \beta_2 GDP_{it} d(x > k) + \beta_3 control_{it} + \varepsilon_{it} \qquad (5-11)$$

其中：$COOD_{it}$ 为被解释变量，表示产城融合发展水平；GDP_{it} 表示各县级市经济规模；x 为门槛变量；k 表示门槛变量门槛值；$control_{it}$ 为控制变量；$d(\cdot)$ 为示性函数，即满足括号内条件时，取值为 1，否则为 0。

门槛效应检验结果显示，经济规模对产城融合发展的影响存在基于企业数量的单门槛效应（见表 5-16 和表 5-17）。

表5-16   门槛效应检验结果

门槛变量	门槛数	门槛值	F值	P值	显著性水平		
					10%	5%	1%
NOE	单门槛	52.0000	20.81	0.0533	17.9769	20.9337	31.7062
NOE	双门槛	（50.0000，67.0000）	1.59	0.9867	22.8489	27.9111	36.9566

表5-17 不同门槛变量下经济规模对产城融合发展的影响系数

核心变量	企业数量（NOE）
GDP（$x \leq k$）	7.07e-09***
	(1.63e-09)
GDP（$x > k$）	2.73e-09**
	(1.44e-09)
未达到门槛值的县级市	阿图什、喀什、和田、伊宁、塔城、乌苏、阿勒泰、图木舒克
达到门槛值的县级市	昌吉、阜康、博乐、库尔勒、阿克苏、奎屯、石河子、阿拉尔、五家渠

注："***""**""*"分别表示1%、5%、10%显著性水平，括号内为标准误差。

当企业数量小于门槛值时（NOE≤52.0000），经济规模对产城融合发展的影响显著为正，在本书研究的新疆17个县级市中阿图什、喀什、和田、伊宁、塔城、乌苏、阿勒泰、图木舒克8个县级市企业数量小于门槛值；当企业数量大于门槛值时（NOE>52.0000），经济规模对产城融合发展的影响显著为正，系数相对于小于门槛值时变小，说明当企业数量大于第一门槛值后经济规模的产城融合效果变弱，在本书研究的新疆17个县级市中昌吉、阜康、博乐、库尔勒、阿克苏、奎屯、石河子、阿拉尔、五家渠等9个县级市企业数量大于门槛值。

门槛效应的检验结果进一步表明，新疆县级市在城镇化进程中经济发展的产城融合效应会逐步减弱，尤其是在县级市企业数量大于门槛值后，这就意味着随着经济的发展城镇化进程中不会自动实现产城融合，或者说在县级市企业数量大于门槛值前应更加注重"引凤筑巢"，当县级市企业数量大于门槛值后应更加注重"筑巢引凤"。

5.4 新疆县域产城融合发展影响因素实证分析

5.4.1 实证模型的构建

县域产城融合的发展受到一系列因素的影响。基于数据的可得性，本部分主要分析产业结构、企业数量、企业规模、贸易开放、财政自给、金融发展和市场化水平对县级市产城融合的影响，并构建如下面板数据模型：

$$COOD_{it} = \chi_i + \alpha_1 INSTR_{it} + \alpha_2 NOE_{it} + \alpha_3 ISCALE_{it} + \alpha_4 TOPEN_{it} + \alpha_5 FSS_{it} + \alpha_6 FDEV_{it} + \alpha_7 MARKET + \varepsilon_{it} \tag{5-12}$$

$$COMD_{it} = \chi_i + \beta_1 INSTR_{it} + \beta_2 NOE_{it} + \beta_3 ISCALE_{it} + \beta_4 TOPEN_{it} + \beta_5 FSS_{it} + \beta_6 FDEV_{it} + \beta_7 MARKET + \varepsilon_{it} \tag{5-13}$$

$$COUD_{it} = \chi_i + \gamma_1 INSTR_{it} + \gamma_2 NOE_{it} + \gamma_3 ISCALE_{it} + \gamma_4 TOPEN_{it} + \gamma_5 FSS_{it} + \gamma_6 FDEV_{it} + \gamma_7 MARKET + \varepsilon_{it} \tag{5-14}$$

其中：$COOD$ 为产城融合度；$COMD$ 为产城融合综合度；$COUD$ 为产城融合耦合度；$INSTR$ 为产业结构；NOE 为企业数量；$ISCALE$ 为企业规模；$TOPEN$ 为贸易开放；FSS 为财政自给；$FDEV$ 为金融发展；$MARKET$ 为市场化水平。

模型（5-12）、模型（5-13）、模型（5-14）分别采用个体固定效应模型、个体时点双固定效应模型、随机效应模型回归。

5.4.2 指标选取

1）被解释变量

产城融合度（*COOD*）、产城融合综合度（*COMD*）、产城融合耦合度（*COUD*）：由第4章中新疆产城融合评价指标体系可得各县域产城融合度、产城融合综合度和产城融合耦合度水平。

2）解释变量

产业结构 *INSTR*：用产业结构优化升级系数的对数表示，产业结构优化升级系数计算公式为 $y_1 + 2y_2 + 3y_3$，其中 y_1，y_2，y_3 分别表示为一产比重、二产比重、三产比重。

企业数量 *NOE*：用规模以上企业数表示。

企业规模 *ISCALE*：用规模以上企业工业产值与规模以上企业数的比值表示。

贸易开放 *TOPEN*：用进出口与 *GDP* 之比表示。

财政自给 *FSS*：用财政收入与财政支出之比表示。

金融发展 *FDEV*：用存贷款总额与 *GDP* 之比表示。

市场化水平 *MARKET*：用规模以上企业工业产值与区域工业产值之比表示。

5.4.3 数据来源

数据来源于2011—2019年《新疆统计年鉴》《中国城市统计年鉴》《中国县域统计年鉴》《中国城市建设年鉴》《中国城乡建设统计年鉴》，以及新疆各地州（市）统计年鉴。表5-18报告了变量的描述性统计信息。

表 5-18　　　　　　　　　　　　　变量描述性统计

变量	均值	标准差	最小值	最大值
COMD	0.6704	0.0333	0.6034	0.9193
COUD	0.4971	0.0021	0.4906	0.5000
COOD	0.5771	0.0131	0.5493	0.6766
INSTR	0.7038	0.0865	0.4554	0.9261
NOE	15.6899	14.5821	1.0000	75.0000
ISCALE	9.0683	1.3869	0.0000	11.6907
TOPEN	0.0211	0.0844	0.0000	0.7851
FSS	0.2152	0.2156	0.0219	3.6568
FDEV	1.0934	0.4605	0.0178	3.9682
MARKET	2.4685	4.7261	0.0001	92.8405

5.4.4　实证结果分析

由表5-19中的实证结果可知，产业结构的优化升级会显著地促进新疆各县域产城融合度、产城融合综合度的提升，会显著地抑制新疆各县域产城融合耦合度的提高；企业数量的增加会显著地促进新疆各县域产城融合度、产城融合综合度的提升，会显著地抑制新疆各县域产城融合耦合度的提高；企业规模的扩大会显著地促进新疆各县域产城融合度、产城融合综合度的提升，会显著地抑制新疆各县域产城融合耦合度的提高；贸易开放会促进新疆各县域产城融合度、产城融合综合度和产城融合耦合度的提高，但不显著；财政自给会显著促进新疆各县域产城融合度、产城融合综合度的提高，会抑制新疆各县域产城融合耦合度的提高，但不显著；金融发展会显著抑制新疆各县域产城融合度、产城融合综合度的提升，同时会显著促进新疆各县域产城融合耦合度的提高；市场化水平的提高会显著抑制新疆各县域产城融合度、产城融合综合度的提升，同时会显著促进新疆各县域产城融合耦合度的提高。

表 5-19

新疆各县域产城融合发展影响因素分析

被解释变量	COMD 混合OLS	COMD 固定效应	COMD 随机效应	COUD 混合OLS	COUD 固定效应	COUD 随机效应	COOD 混合OLS	COOD 固定效应	COOD 随机效应
INSTR	0.3027*** (0.0677)	0.2945*** (0.0754)	0.3129*** (0.0434)	−0.0107*** (0.0009)	−0.0116*** (0.0012)	−0.0129*** (0.0011)	0.1239*** (0.0274)	0.1201*** (0.0304)	0.1254*** (0.0173)
NOE	0.0005** (0.0002)	0.0004* (0.0002)	0.0004** (0.0001)	−0.0000** (0.0000)	−0.0000*** (0.0000)	−0.0000* (0.0000)	0.0002** (0.0001)	0.0002* (0.0001)	0.0001*** (0.0001)
ISCALE	0.0079*** (0.0016)	0.0091*** (0.0020)	0.0064*** (0.0017)	−0.0006*** (0.0001)	−0.0007*** (0.0002)	−0.0005*** (0.0001)	0.0030*** (0.0006)	0.0034*** (0.0008)	0.0025*** (0.0006)
TOPEN	0.0164 (0.0245)	0.0160 (0.0240)	0.0099 (0.0202)	0.0004 (0.0004)	0.0006 (0.0004)	0.0005 (0.0004)	0.0065 (0.0097)	0.0065 (0.0095)	0.0038 (0.0080)
FSS	0.0051 (0.0034)	0.0066 (0.0047)	0.0074* (0.0044)	−0.0003 (0.0002)	−0.0003 (0.0002)	−0.0004 (0.0003)	0.0020 (0.0014)	0.0026 (0.0019)	0.0029* (0.0017)
FDEV	−0.0061 (0.0056)	−0.0083 (0.0052)	−0.0082** (0.0039)	0.0004** (0.0002)	0.0004 (0.0002)	0.0006* (0.0002)	−0.0023 (0.0023)	−0.0032 (0.0021)	−0.0030* (0.0016)

被解释变量	COMD			COUD			COOD		
	固定效应	固定效应	随机效应	固定效应	固定效应	随机效应	固定效应	固定效应	随机效应
MARKET	-0.0005***	-0.0005***	-0.0005***	0.0000***	0.0000***	0.0000***	-0.0002***	-0.0002***	-0.0002***
	(0.0001)	(0.0001)	(0.0001)	(0.0000)	(0.0000)	(0.0000)	(0.0000)	(0.0000)	(0.0000)
CONS	0.3851***	0.3838***	0.3945***	0.5098***	0.5112***	0.5103***	0.4625***	0.4628***	0.4671***
	(0.0484)	(0.0598)	(0.0332)	(0.0012)	(0.0017)	(0.0012)	(0.0195)	(0.0240)	(0.0132)
个体效应	YES	YES		YES	YES		YES	YES	
时点效应	NO	YES		NO	YES		NO	YES	
N	603	603	603	603	603	603	603	603	603
adj.R^2	0.4728	0.4814	0.4759	0.556	0.5852	0.5516	0.4783	0.487	0.4820
F	36.56	46.45		41.38	28.44		35.26	49.01	
Wald chi^2			328.71			463.28			324.34

注："***""**""*"分别表示1%、5%、10%显著性水平，括号内为标准误差。

县域经济发展中产业结构的优化升级会提高县域产业集聚水平，吸纳更多的农村剩余劳动力流向县城，促使县城人口规模不断扩大，而产业结构的优化升级会提升产城融合度和产城融合综合度，但县域经济发展中往往忽略了"人"的因素；县域企业数量的增加和企业规模的扩大强化了县域城镇化中的产业支撑能力，同时也促进了县域城镇规模的扩大，因此县域企业数量的增加和企业规模的扩大可以提升产城融合度和产城融合综合度；在县域区域经济发展中政府逐步招商引资并且进行土地城镇化的推进，因此财政自给能力的提升会提高产城融合度和综合度；金融发展会使更多的资本流入到县域商业领域，这在一定程度上促进了县域城市功能的完善，也会促进"人"的发展，因此金融发展会提高县域产城融合的耦合度；在县域经济发展中往往存在政府主导产业发展或企业发展的现象，这就意味着市场化水平的提高会提高县域产城融合度和产城融合综合度，但市场化水平的提高在一定程度上会促进产城融合系统中"产""城""人"三个子系统的协同演化，从而促进提高县域产城融合耦合度的提高。

5.4.5 产城融合中经济规模的门槛效应分析

不同县域经济发展实际会影响经济规模对产城融合发展的政策效果。本书构建门槛效应模型研究经济规模对产城融合发展的门槛效应，检验各影响因素是否会影响经济规模对产城融合发展的政策效果。

$$COOD_{it} = \beta_0 + \beta_1 GDP_{it} d(x \leqslant k) + \beta_2 GDP_{it} d(x > k) + \beta_3 control_{it} + \varepsilon_{it} \qquad (5\text{-}15)$$

其中：$COOD_{it}$ 为被解释变量，表示产城融合发展水平；GDP_{it} 表示各县域经济规模；x 为门槛变量；k 表示门槛变量门槛值；$control_{it}$ 为控制变量；$d(\cdot)$ 为示性函数，即满足括号内条件时，取值为1，否则为0。

门槛效应检验结果显示，经济规模对新疆各县域产城融合发展的影响存在基于贸易开放的单门槛效应（见表5-20和表5-21）。

表5-20　　　　　　　　　　门槛效应检验结果

门槛变量	门槛数	门槛值	F值	P值	显著性水平		
					10%	5%	1%
TOPEN	单门槛	0.1070	66.39	0.0100	20.5376	29.4990	57.7058
TOPEN	双门槛	（0.0000，0.1280）	5.70	0.5200	24.4048	44.3138	76.0659

表5-21　不同门槛变量下经济规模对产城融合发展的影响系数

核心变量	贸易开放（TOPEN）
GDP（$x \leq k$）	7.60e-09***
	(2.01e-09)
GDP（$x > k$）	4.50e-08**
	(5.36e-09)
未达到门槛值的县级市	鄯善县等64个县
达到门槛值的县级市	精河县、和硕县、博湖县

注："***""**""*"分别表示1%、5%、10%显著性水平，括号内为标准误差。

当贸易开放水平低于门槛值时（*TOPEN*≤0.1070），经济规模对产城融合发展的影响显著为正。在本书研究的新疆67个县域中，鄯善县、托克逊县、巴里坤哈萨克自治县、伊吾县、呼图壁县、玛纳斯县、奇台县、吉木萨尔县、木垒哈萨克自治县、伊宁县、察布查尔锡伯自治县、霍城县、巩留县、新源县、昭苏县、特克斯县、尼勒克县、额敏县、沙湾县、托里县、裕民县、和布克赛尔蒙古自治县、布尔津县、富蕴县、福海县、哈巴河县、青河县、吉木乃县、温泉县、轮台县、尉犁县、若羌县、且末县、焉耆回族自治县、和静、温宿县、库车县、沙雅县、新和县、拜城县、乌什县、阿瓦提县、柯坪县、阿克陶县、阿合奇县、乌恰县、疏附县、疏勒县、英吉沙县、泽普县、莎车县、叶城县、麦盖提县、岳普湖县、伽师县、巴楚县、塔什库尔干塔吉克自治县、和田县、墨玉县、皮山县、洛浦县、策勒县、于田县、民丰县 64 个县域贸易开放水平低于门槛值。当贸易开放水平高于门槛值时（$TOPEN>0.1070$），经济规模对产城融合发展的影响显著为正，系数相对于贸易开放水平小于门槛值时变大，说明当贸易开放水平大于第一门槛值后经济规模的产城融合效果变强。在本书研究的新疆 67 个县域中，精河县、和硕县、博湖县 3 个县域贸易开放水平大于门槛值。

门槛效应的检验结果进一步表明，在城镇化进程中，随着贸易开放水平的提升，尤其是贸易开放水平高于门槛之后，新疆县域经济发展对产城融合的效应不断增强，这意味着在本书研究的新疆 67 个县域的经济发展中，尤其是在 64 个贸易开放水平低于门槛值的县域经济发展中，为了实现"产""城""人"三个子系统的协同演化，应进一步提高贸易开放水平。

第6章

新疆不同区域层次产城融合发展的路径分析

6.1 新疆产城融合发展路径选择的四分图矩阵分析

在借鉴王菲（2014）基于组合赋权和四格象限法对具有典型代表性的产业集聚区进行综合评价的研究成果，本书从产城融合综合度和产城融合耦合度两个维度构建四分图管理矩阵，并据此将各层次区域划分为转化区、扶持区、整改区和优化区四种类型（如图6-1所示）。假设区域 A、B、C、D 分别为转化区、扶持区、整改区和优化区，区域 E 相对于区域 A、B、C、D 具有更高的产城融合发展水平，是区域 A、B、C、D 产城融合发展的目标点。

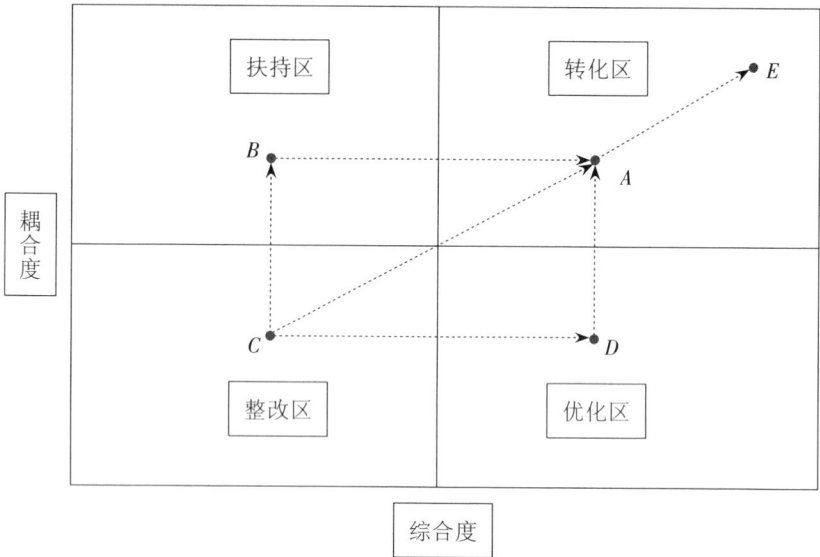

图6-1 产城融合发展路径选择的四分图矩阵

6.1.1 "转化区"产城融合路径选择的分析

相对于其他区域，转化区产城融合发展产城融合综合度和产城融合耦合度高，即存在"双高"的特点。该类型的区域产城融合发展模式基本构建，产城融合处于相对成熟的状态，区域内的资源利用水平相对较高，已基本具备向更高水平的产城融合转化的条件。处于转化区的区域 A，产城融合发展路径选择为 $A \rightarrow E$，实现"产""城""人"提质增效，以实现产城融合更高水平的发展。在发展中，新型工业化发展水平全面提升，有竞争力的现代产业体系亟待建立与完善，推动工业强基增效和转型升级，实现产业发展推动人口转移集聚和城市规模扩张；加强基础设施的互联互通，提升城镇对产业发展的配套服务能力和承载力，增强城镇对产城融合的支撑功能；更加关注"人的发展"，关注收入水平、人力资源综合素质、公共服务供给、就业以及农业转移人口市民化问题，使人的需求不断得到满足。

6.1.2 "扶持区"产城融合路径选择的分析

相对于其他区域，扶持区产城融合发展综合度低，产城融合耦合度高。该类型的区域产城融合中"产""城""人"发展水平偏低，即存在"产""城""人"的低水平锁定，但"产""城""人"耦合程度较高，此时该区域产城融合发展应该向转化区发展。处于扶持区的区域 B，产城融合发展路径选择为 $B \rightarrow A \rightarrow E$。在第一阶段区域 B 要补齐"产""城""人"发展短板，在第二阶段区域 B 要实现"产""城""人"提质增效。产业是城镇建设的物质基础，城镇是产业发展的必要载体，人是产城融合发展的核心因素和关键主体，形成"产业发展→产业集聚→劳动力转移与人口集聚→新型城镇化进程加快→产业集聚扩散效应升级"的良性循环，呈现"产""城""人"之间持续向上、良性循环的发展格局。以"产""城""人"互动为基本点，以人的发展为目标，实现产业发展、城市建设和人口集聚相互促进、融合发展，促进以产带城、以城促产的良性互动。

6.1.3 "整改区"产城融合路径选择的分析

相对于其他区域，整改区产城融合发展综合度低，产城融合耦合度低，即存在"双低"的特点。该类区域产城融合中不仅"产""城""人"发展水平偏低，即存在"产""城""人"的低水平锁定，而且"产""城""人"之间耦合水平低。此类城市新区应重新考虑产业发展是否符合其城市发展规划，进行整改。该类区域产城融合存在显著问题，应该向扶持区、优化区发展，或者可以向转化区发展。处于整改区的区域 C 的产城融合发展路径选择为 $C \to B \to A \to E$（路径1）、$C \to D \to A \to E$（路径2）、$C \to A \to E$（路径3）。如果选择路径1，在第一阶段区域 C 要实现"产""城""人"协同演化，在第二阶段区域 C 要实现"产""城""人"补短板，在第三阶段区域 C 要实现"产""城""人"提质增效。如果选择路径2，在第一阶段区域 C 要实现"产""城""人"补短板，在第二阶段区域 C 要实现"产""城""人"协同演化，在第三阶段区域 C 要实现"产""城""人"提质增效。如果选择路径3，在第一阶段区域 C 要同时实现"产""城""人"补短板、"产""城""人"协同演化，在第二阶段区域 C 要实现"产""城""人"提质增效。

6.1.4 "优化区"产城融合路径选择的分析

相对于其他区域，优化区产城融合发展综合度高，产城融合耦合度低。该类区域产城融合中"产""城""人"发展水平较高，但为实现产城融合所投入的资源利用效率比较低，存在资源浪费、利用不合理等现象。此类区域应找出造成"产""城""人"发展不协同的原因，向转化区发展。处于优化区的区域 D 的产城融合发展路径选择为

$D \rightarrow A \rightarrow E$。在第一阶段，区域 D 要实现"产""城""人"协同演化；在第二阶段，区域 D 要实现"产""城""人"提质增效。发展中，根据区域发展的功能定位和比较优势，依托现有各级园区，合理确定产业发展定位，推进产业集聚化，以产业集聚带动人口集聚。统筹推进城乡基础设施建设和公共服务设施建设，提升城市综合服务功能。促进城市功能完善，区域内的水电路气等基础设施要共建共享、互联互通；配套建设居住、商业、娱乐、休闲等设施，合理布局医疗、文化、教育、旅游等公共服务设施，提升城市综合服务功能。释放城镇化的空间载体功能，以"转移人"和"提升人"为导向，夯实产业持续健康发展的人力资本基础，实现产业发展、城市建设和人口集聚相互促进、融合发展。

区域 A、B、C、D 产城融合发展路径选择分析见表6-1。

表6-1　　　　区域 A、B、C、D 产城融合发展路径选择分析

区域类型	路径选择		
区域 A	路径：$A \rightarrow E$		
	"产""城""人"提质增效		
区域 B	路径：$B \rightarrow A \rightarrow E$		
	阶段1		阶段2
	"产""城""人"补短板		"产""城""人"提质增效
区域 C	路径1：$C \rightarrow B \rightarrow A \rightarrow E$		
	阶段1	阶段2	阶段3
	"产""城""人"协同演化	"产""城""人"补短板	"产""城""人"提质增效
	路径2：$C \rightarrow D \rightarrow A \rightarrow E$		
	阶段1	阶段2	阶段3
	"产""城""人"补短板	"产""城""人"协同演化	"产""城""人"提质增效

区域类型	路径选择	
区域C	路径3：C→A→E	
	阶段1	阶段2
	"产""城""人"补短板、"产""城""人"协同演化	"产""城""人"提质增效
区域D	路径：D→A→E	
	阶段1	阶段2
	"产""城""人"协同演化	"产""城""人"提质增效

6.2 新疆不同区域层次产城融合发展的路径选择

产城融合发展路径的选择涉及诸多条件的综合考虑，不是简单的地区产城融合发展定位问题。这些因素或条件的不同，客观地、内在地决定了产城融合发展路径的差异性，即不同地区所具备的因素或条件的特质性决定了不同的产城融合发展路径选择，因此，要结合影响因素的作用机制，分析不同区域层次产城融合发展路径选择。

6.2.1 新疆各地州（市）产城融合发展路径分析

由新疆各地州（市）产城融合发展水平综合评价结果可知，乌鲁木齐市、克拉玛依市、哈密市3个地州（市）属于转化区，昌吉回族自治州、伊犁州直属县（市）、博尔塔拉蒙古自治州、巴音郭楞蒙古自治州4个地州（市）属于扶持区，阿勒泰地区、阿克苏地区、塔城地区、和田地区、喀什地区5个地州（市）属于整改区，吐鲁番市、克孜勒苏柯尔克孜自治州2个地州（市）属于优化区，见表6-2、图6-2。根据表6-1中区域A、B、C、D产城融合发展路径选择，可以得到新疆各地州（市）产城融合发展路径与重点任务，如表6-2所示。

表6-2 新疆各地州（市）产城融合发展路径与重点任务

区域类型	地州（市）	路径选择	重点任务		
			阶段1	阶段2	阶段3
转化区	乌鲁木齐市	A→E	"产""城""人"提质增效		
	克拉玛依市	A→E	"产""城""人"提质增效		
	哈密市	A→E	"产""城""人"提质增效，注重"人"的发展		
扶持区	昌吉回族自治州，博尔塔拉蒙古自治州	B→A→E	"产""城""人"补短板，注重"城""人"的发展	"产""城""人"提质增效	
	伊犁州直属县（市）	B→A→E	"产""城""人"补短板	"产""城""人"提质增效	
	巴音郭楞蒙古自治州	B→A→E	"产""城""人"补短板，注重"人"的发展	"产""城""人"提质增效	
整改区	阿勒泰地区，阿克苏地区，塔城地区，和田地区	路径1：C→B→A→E	"产""城""人"协同演化	"产""城""人"补短板	"产""城""人"提质增效
		路径2：C→D→A→E	"产""城""人"协同演化	"产""城""人"协同演化	"产""城""人"提质增效

区域类型	地州（市）	路径选择	重点任务		
			阶段1	阶段2	阶段3
整改区	阿勒泰地区、阿克苏地区、塔城地区、和田地区	路径3：C→A→E	"产""城""人"补短板，"产""城""人"协同演化	"产""城""人"提质增效	
	喀什地区	路径1：C→B→A→E	"产""城""人"协同演化	"产""城""人"补短板，注重"产""城""人"的发展	"产""城""人"提质增效
	喀什地区	路径2：C→D→A→E	"产""城""人"补短板，注重"产""城""人"的发展	"产""城""人"协同演化	"产""城""人"提质增效
		路径3：C→A→E	"产""城""人"补短板，注重"产""城""人"的发展	"产""城""人"提质增效	
优化区	吐鲁番市	D→A→E	"产""城""人"协同演化，注重"人"的发展	"产""城""人"提质增效	
	克孜勒苏柯尔克孜自治州	D→A→E	"产""城""人"协同演化，注重"产"的发展	"产""城""人"提质增效	

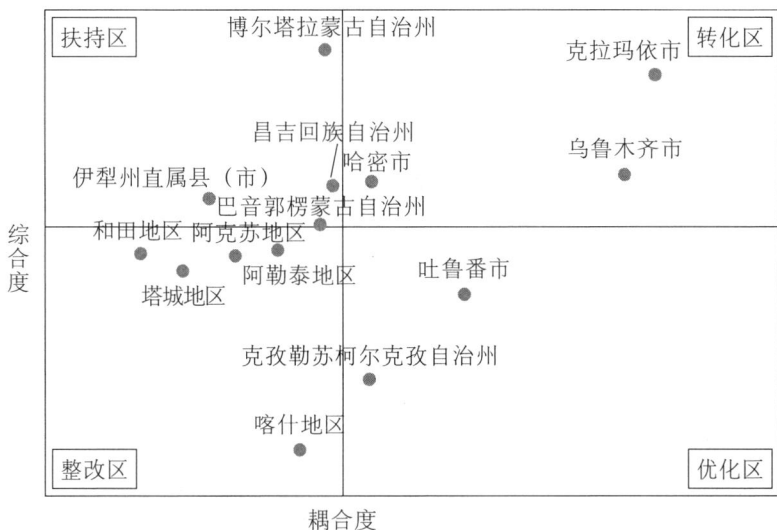

图6-2 基于四分图矩阵划分的新疆各地州（市）产城融合发展类型

转化区乌鲁木齐市、克拉玛依市的产城融合发展路径选择为$A \rightarrow E$，在产城融合发展中重点任务为"产""城""人"提质增效。转化区哈密市的产城融合发展路径选择为$A \rightarrow E$，在产城融合发展中重点任务为"产""城""人"提质增效，注重"人"的发展。

扶持区昌吉回族自治州、博尔塔拉蒙古自治州的产城融合发展路径选择为$B \rightarrow A \rightarrow E$，分为阶段1和阶段2。在阶段1，产城融合发展的重点任务为"产""城""人"补短板，注重"城""人"的发展；在阶段2，产城融合发展的重点任务为"产""城""人"提质增效。扶持区伊犁州直属县（市）的产城融合发展路径选择为$B \rightarrow A \rightarrow E$，分为阶段1和阶段2。在阶段1，产城融合发展的重点任务为"产""城""人"补短板；在阶段2，产城融合发展的重点任务为"产""城""人"提质增效。扶持区巴音郭楞蒙古自治州的产城融合发展路径选择为$B \rightarrow A \rightarrow E$，分为阶段1和阶段2。在阶段1，产城融合发展的重点任务为"产""城""人"补短板，注重"人"的发展；在阶段2，产城融合发展的重点任务为"产""城""人"提质增效。

整改区阿勒泰地区、阿克苏地区、塔城地区、和田地区的产城融合发展路径选择为路径1（$C \rightarrow B \rightarrow A \rightarrow E$）、路径2（$C \rightarrow D \rightarrow A \rightarrow E$）和路径3（$C \rightarrow A \rightarrow E$）。如果选择路径1（$C \rightarrow B \rightarrow A \rightarrow E$），则分为阶段1、阶段2和阶段3。在阶段1，产城融合发展的重点任务为"产""城""人"协同演化；在阶段2，产城融合发展的重点任务为"产""城""人"补短板；在阶段3，产城融合发展的重点任务为"产""城""人"提质增效。如果选择路径2（$C \rightarrow D \rightarrow A \rightarrow E$），则分为阶段1、阶段2和阶段3。在阶段1，产城融合发展的重点任务为"产""城""人"补短板；在阶段2，产城融合发展的重点任务为"产""城""人"协同演化；在阶段3，产城融合发展的重点任务为"产""城""人"提质增效。如果选择路径3（$C \rightarrow A \rightarrow E$），则分为阶段1和阶段2。在阶段1，产城融合发展的重点任务为"产""城""人"补短板、"产""城""人"协同演化；在阶段2，产城融合发展的重点任务为"产""城""人"提质增效。整改区喀什地区的产城融合发展路径选择为路径1（$C \rightarrow B \rightarrow A \rightarrow E$）、路径2（$C \rightarrow D \rightarrow A \rightarrow E$）和路径3（$C \rightarrow A \rightarrow E$）。如果选择路径1（$C \rightarrow B \rightarrow A \rightarrow E$），则分为阶段1、阶段2和阶段3。在阶段1，产城融合发展的重点任务为"产""城""人"协同演化；在阶段2，产城融合发展的重点任务为"产""城""人"补短板，注重"产""人"的发展；在阶段3，产城融合发展的重点任务为"产""城""人"提质增效。如果选择路径2（$C \rightarrow D \rightarrow A \rightarrow E$），则分为阶段1、阶段2和阶段3。在阶段1，产城融合发展的重点任务为"产""城""人"补短板，注重"产""人"的发展；在阶段2，产城融合发展的重点任务为"产""城""人"协同演化；在阶段3，产城融合发展的重点任务为"产""城""人"提质增效。如果选择路径3（$C{\rightarrow}A{\rightarrow}E$），则分为阶段1和阶段2。在阶段1，产城融合发展的重点任务为"产""城""人"补短板，注重"产""人"的发展，"产""城""人"协同演化；在阶段2，产城融合发展的重点任务为"产""城""人"提质增效。

优化区吐鲁番市的产城融合发展路径选择为$D{\rightarrow}A{\rightarrow}E$，分为阶段1和阶段2。在阶段1，产城融合发展的重点任务为"产""城""人"协同演化，注重"人"的发展；在阶段2，产城融合发展的重点任务为"产""城""人"提质增效。优化区克孜勒苏柯尔克孜自治州的产城融合发展路径选择为$D{\rightarrow}A{\rightarrow}E$，分为阶段1和阶段2。在阶段1，产城融合发展的重点任务为"产""城""人"协同演化，注重"产"的发展；在阶段2，产城融合发展的重点任务为"产""城""人"提质增效。

另外，由表6-3可知，转化区哈密市2018年产城融合发展中"人"的发展水平低，所以在重点任务中强调注重"人"的发展；扶持区昌吉回族自治州、博尔塔拉蒙古自治州2018年产城融合发展中"产"的发展水平高，"城""人"的发展水平低，所以在重点任务中强调注重"城""人"的发展；扶持区巴音郭楞蒙古自治州2018年产城融合发展中"产""城"的发展水平高，"人"的发展水平低，所以在重点任务中强调注重"人"的发展；整改区喀什地区2018年产城融合发展中"城"的发展水平高，"产""人"的发展水平低，所以在重点任务中强调注重"产""人"的发展；优化区吐鲁番市2018年产城融合发展中"产""城"的发展水平高，"人"的发展水平低，所以在重点任务中强调注重"人"的发展。

表6-3 　　　　　　2018年新疆各地州（市）产城融合发展中

"产""城""人"发展水平

地州（市）	产	城	人
乌鲁木齐市	0.0824	0.0230	0.1070
克拉玛依市	0.1428	0.0340	0.0699
吐鲁番市	0.0187	0.0839	−0.0201
哈密市	0.0256	0.0139	−0.0152
昌吉回族自治州	0.0114	−0.0018	−0.0137
伊犁州直属县（市）	−0.0300	−0.0572	−0.0090
塔城地区	−0.0621	−0.0519	−0.0080
阿勒泰地区	−0.0309	−0.0176	−0.0034
博尔塔拉蒙古自治州	0.0762	−0.0375	−0.0314
巴音郭楞蒙古自治州	0.0037	0.0275	−0.0484
阿克苏地区	−0.0448	−0.0448	0.0070
克孜勒苏柯尔克孜自治州	−0.0447	0.0485	0.0007
喀什地区	−0.0830	0.0325	−0.0009
和田地区	−0.0652	−0.0528	−0.0345

注：表中"产""城""人"发展水平为根据评价指标体系取得结果后进一步标准化后的数值。如果数值为正，说明发展水平高；反之，说明发展水平低。

从各地州（市）产城融合的影响因素分析结果可知，"先产后城"而非"先城后产"是新疆各地州（市）产城融合发展的有效路径，或者说"引凤筑巢"而非"筑巢引凤"更适合新疆各地州（市）产城融合发展。各地州（市）中和田地区要增强财政自给能力和地区企业规模，同时区域内企业规模的增大会促进区域产城融合发展，在区域经济发展中要注重产业规模化与产业多样化。各地州（市）中克孜勒苏柯尔克孜自治州、和田地区要进一步吸纳企业入驻，使规模以上企业数量超过78家。在提高区域内投资开放水平，促进区域内产业结构优化升级的同时，要注重"产""城""人"的协同发展，要积极发挥贸易开放对产城融合发展的促进效应。

在产城融合实践中，要优化空间发展布局，全面落实产城融合发展理念，统筹规划人口集聚区、综合服务区、产业集聚区、生态保护区等在内的功能分区，按照生活空间适度宜居、生产空间高效集约、生态空间山清水秀的原则，科学规划空间发展布局。从新疆全局视角来看，要基于不同城市发展状况、资源禀赋状况以及所处发展阶段的特征，合理规划产城融合发展所需的匹配产业和公共配套服务设施，因地因时选取适合地区产城融合发展的路径，及时调整产业结构的发展方向以及新老城区衔接途径等问题。从不同区域层次视角来看，不同区域层次所具备的因素或条件的特质性决定了不同的产城融合发展路径选择，因此，在分析不同区域层次产城融合发展路径选择时，应考虑区域不同的经济发展基础、产业结构、城市空间布局的差异，协调各区域之间的产城融合发展速度。从不同空间类型视角来看，不同城市类型的表现特征不同，产业发展和城镇化发展重心不同，这些因素应该得到充分考虑，因此，在选择产城融合发展路径时应深入分析产城融合的变动趋势与原因，同时适度考虑空间均衡。

6.2.2 新疆县级市产城融合发展路径分析

由新疆县级市产城融合发展水平综合评价结果可知，阜康、石河子、奎屯、库尔勒、昌吉5个县级市属于转化区，五家渠、和田2个县级市属于扶持区，阿克苏、博乐、乌苏、阿勒泰、阿图什、塔城、图木舒克7个县级市属于整改区，伊宁、阿拉尔、喀什3个县级市属于优化区，如表6-4、图6-3所示。根据表6-1区域A、B、C、D产城融合发展路径选择分析，可以得到新疆县级市产城融合发展路径与重点任务，如表6-4所示。

表6-4　新疆县级市产城融合发展路径与重点任务

区域类型	县级市	路径选择	重点任务		
转化区	阜康、库尔勒	A→E	阶段1 "产""城""人"提质增效，注重"人"提质增效	阶段2 "产""城""人"提质增效	
	石河子、奎屯	A→E	阶段1 "产""城""人"提质增效，注重"城"的发展	阶段2 "产""城""人"提质增效	
	昌吉	A→E	阶段1 "产""城""人"提质增效，注重"城"的发展	阶段2 "产""城""人"提质增效	
扶持区	五家渠	B→A→E	阶段1 "产""城""人"补短板，注重"城"的发展	阶段2 "产""城""人"提质增效	
	和田	B→A→E	阶段1 "产""城""人"补短板	阶段2 "产""城""人"提质增效	
整改区	阿克苏、阿图什	路径1：C→B→A→E	阶段1 "产""城""人"协同演化	阶段2 "产""城""人"补短板	阶段3 "产""城""人"提质增效
		路径2：C→D→A→E	阶段1 "产""城""人"协同演化	阶段2 "产""城""人"补短板	阶段3 "产""城""人"提质增效
		路径3：C→A→E	阶段1 "产""城""人"补短板	阶段2 "产""城""人"提质增效	
	博乐、塔城、乌苏、阿勒泰	路径1：C→B→A→E	阶段1 "产""城""人"协同演化	阶段2 "产""城""人"补短板，注重"人"的发展	阶段3 "产""城""人"提质增效
		路径2：C→D→A→E	阶段1 "产""城""人"补短板，注重"产""城""人"协同演化	阶段2 "产""城""人"协同演化	阶段3 "产""城""人"提质增效

区域类型	县级市	路径选择	重点任务		
			阶段1	阶段2	阶段3
整改区	博乐、塔城、乌苏、阿勒泰	路径3：$C \to A \to E$	"产""城""人"补短板，注重"产""城""人"的发展	"产""城""人"提质增效	
	图木舒克	路径1：$C \to B \to A \to E$	"产""城""人"协同演化	"产""城""人"补短板，注重"产""城""人"的发展	"产""城""人"提质增效
		路径2：$C \to D \to A \to E$	"产""城""人"补短板，注重"产""城""人"的发展	"产""城""人"协同演化	"产""城""人"提质增效
		路径3：$C \to A \to E$	"产""城""人"补短板，注重"产""城""人"协同演化的发展	"产""城""人"提质增效	
优化区	伊宁	$D \to A \to E$	"产""城""人"协同演化，注重"产""城""人"的发展	"产""城""人"提质增效	
	阿拉尔	$D \to A \to E$	"产""城""人"协同演化，注重"城""产"的发展	"产""城""人"提质增效	
	喀什	$D \to A \to E$	"产""城""人"协同演化，注重"产""城"的发展	"产""城""人"提质增效	

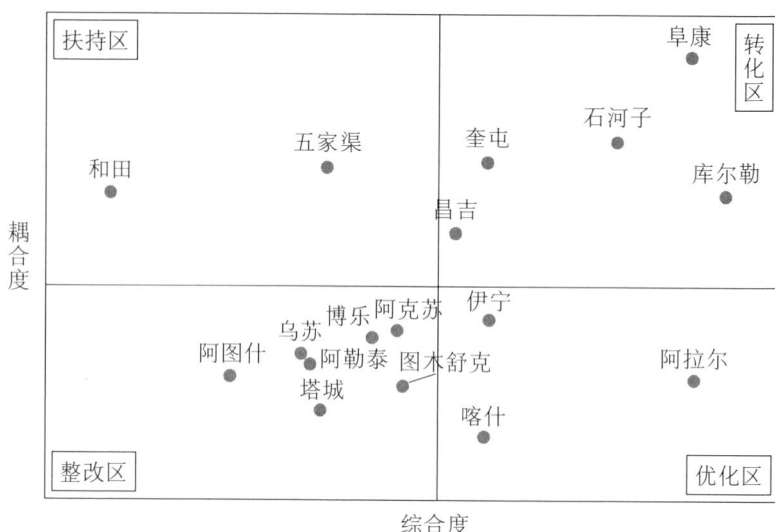

图6-3　基于四分图矩阵划分的新疆各县级市产城融合发展类型

转化区阜康、库尔勒的产城融合发展路径选择为A→E，在产城融合发展中重点任务为"产""城""人"提质增效。转化区石河子、奎屯的产城融合发展路径选择为A→E，在产城融合发展中重点任务为"产""城""人"提质增效，注重"人"的发展。转化区昌吉的产城融合发展路径选择为A→E，在产城融合发展中重点任务为"产""城""人"提质增效，注重"城"的发展。

扶持区五家渠的产城融合发展路径选择为B→A→E，分为阶段1和阶段2。在阶段1，产城融合发展的重点任务为"产""城""人"补短板，注重"城"的发展；在阶段2，产城融合发展的重点任务为"产""城""人"提质增效。扶持区和田的产城融合发展路径选择为B→A→E，分为阶段1和阶段2。在阶段1，产城融合发展的重点任务为"产""城""人"补短板；在阶段2，产城融合发展的重点任务为"产""城""人"提质增效。

整改区阿克苏、阿图什的产城融合发展路径选择为路径1（C→B

→A→E)、路径2（C→D→A→E）和路径3（C→A→E）。如果选择路径1（C→B→A→E），则分为阶段1、阶段2和阶段3。在阶段1，产城融合发展的重点任务为"产""城""人"协同演化；在阶段2，产城融合发展的重点任务为"产""城""人"补短板；在阶段3，产城融合发展的重点任务为"产""城""人"提质增效。如果选择路径2（C→D→A→E），则分为阶段1、阶段2和阶段3。在阶段1，产城融合发展的重点任务为"产""城""人"补短板；在阶段2，产城融合发展的重点任务为"产""城""人"协同演化；在阶段3，产城融合发展的重点任务为"产""城""人"提质增效。如果选择路径3（C→A→E），则分为阶段1和阶段2。在阶段1，产城融合发展的重点任务为"产""城""人"补短板、"产""城""人"协同演化；在阶段2，产城融合发展的重点任务为"产""城""人"提质增效。整改区博乐、塔城、乌苏、阿勒泰的产城融合发展路径选择为路径1（C→B→A→E）、路径2（C→D→A→E）和路径3（C→A→E）。如果选择路径1（C→B→A→E），则分为阶段1、阶段2和阶段3。在阶段1，产城融合发展的重点任务为"产""城""人"协同演化；在阶段2，产城融合发展的重点任务为"产""城""人"补短板，注重"产""人"的发展；在阶段3，产城融合发展的重点任务为"产""城""人"提质增效。如果选择路径2（C→D→A→E），则分为阶段1、阶段2和阶段3。在阶段1，产城融合发展的重点任务为"产""城""人"补短板，注重"产""人"的发展；在阶段2，产城融合发展的重点任务为"产""城""人"协同演化；在阶段3，产城融合发展的重点任务为"产""城""人"提质增效。如果选择路径3（C→A→E），则分为阶段1和阶段2。在阶段1，产城融合发展的重点任务为"产""城""人"补短板，注重"产""人"的发展，"产""城""人"协同演化；在阶段2，产城融合发展的重点任务为"产""城""人"提质增效。

整改区图木舒克的产城融合发展路径选择为路径1（$C \rightarrow B \rightarrow A \rightarrow E$）、路径2（$C \rightarrow D \rightarrow A \rightarrow E$）和路径3（$C \rightarrow A \rightarrow E$）。如果选择路径1（$C \rightarrow B \rightarrow A \rightarrow E$），则分为阶段1、阶段2和阶段3。在阶段1，产城融合发展的重点任务为"产""城""人"协同演化；在阶段2，产城融合发展的重点任务为"产""城""人"补短板，注重"产"的发展；在阶段3，产城融合发展的重点任务为"产""城""人"提质增效。如果选择路径2（$C \rightarrow D \rightarrow A \rightarrow E$），则分为阶段1、阶段2和阶段3。在阶段1，产城融合发展的重点任务为"产""城""人"补短板，注重"产"的发展；在阶段2，产城融合发展的重点任务为"产""城""人"协同演化；在阶段3，产城融合发展的重点任务为"产""城""人"提质增效。如果选择路径3（$C \rightarrow A \rightarrow E$），则分为阶段1和阶段2。在阶段1，产城融合发展的重点任务为"产""城""人"补短板，注重"产"的发展，"产""城""人"协同演化；在阶段2，产城融合发展的重点任务为"产""城""人"提质增效。

优化区伊宁的产城融合发展路径选择为$D \rightarrow A \rightarrow E$，分为阶段1和阶段2。在阶段1，产城融合发展的重点任务为"产""城""人"协同演化，注重"产""人"的发展；在阶段2，产城融合发展的重点任务为"产""城""人"提质增效。优化区阿拉尔的产城融合发展路径选择为$D \rightarrow A \rightarrow E$，分为阶段1和阶段2。在阶段1，产城融合发展的重点任务为"产""城""人"协同演化，注重"城"的发展；在阶段2，产城融合发展的重点任务为"产""城""人"提质增效。优化区喀什的产城融合发展路径选择为$D \rightarrow A \rightarrow E$，分为阶段1和阶段2。在阶段1，产城融合发展的重点任务为"产""城""人"协同演化，注重"产"的发展；在阶段2，产城融合发展的重点任务为"产""城""人"提质增效。

另外，由表6-5知，转化区石河子、奎屯2018年产城融合发展中"人"的发展水平低，所以在重点任务中强调注重"人"的发展；转化区昌吉2018年产城融合发展中"城"的发展水平低，所以在重点任务中强调注重"城"的发展；扶持区五家渠2018年产城融合发展中"城"的发展水平低，所以在重点任务中强调注重"城"的发展；整改区博乐、塔城、乌苏、阿勒泰2018年产城融合发展中"产""人"的发展水平低，所以在重点任务中强调注重"产""人"的发展；整改区图木舒克2018年产城融合发展中"产"的发展水平低，所以在重点任务中强调注重"产"的发展；优化区伊宁2018年产城融合发展中"产""人"的发展水平低，所以在重点任务中强调注重"产""人"的发展；优化区阿拉尔2018年产城融合发展中"城"的发展水平低，所以在重点任务中强调注重"城"的发展；优化区喀什2018年产城融合发展中"产"的发展水平低，所以在重点任务中强调注重"产"的发展。

积极推动各县级市产业结构的优化升级可以显著地促进新疆各县级市产城融合度、产城融合综合度和产城融合耦合度的提高；大力招商引资，吸引企业入驻尤其是大型企业的入驻，新疆各县级市中阿图什、喀什、和田、伊宁、塔城、乌苏、阿勒泰、图木舒克等8个县级市规模以上企业数量应尽快超过52家。在推动开放型经济建设的同时要注重"产""城""人"的协同发展，发展好财政、金融在产城融合发展中的支持作用。

各县级市要依托现有国家级和省级经济技术开发区、高新技术产业园区、海关特殊监管区域等，发挥产业集聚优势，提高产业综合竞争力和企业经济效益。以新产业、新业态为导向，大力发展新一代信息技术、生物、高端装备制造、高端服务、现代物流等战略性新兴产业和高技术产业，不断优化产业结构。集聚创新资源，壮大创新创业人才队伍，搭建人才创新发展平台，加快创新创业服务体系建设。进一步完善基础设施，促进区域间各类基础设施互联互通，加快推进对外联系的跨区域重大基础设施建设。改善物流基础设施，完善交通运输网络体系，降低物流成本。合理布局教育、医疗、文化、旅游、体育等公共服务设施，配套建设居住、商业、娱乐、休闲等设施，提升宜居宜业水平。

表6-5　2018年新疆县级市产城融合发展中"产""城""人"发展水平

县级市	产	城	人
昌 吉	0.0045	−0.0054	0.0108
阜 康	0.1038	0.0064	0.0266
博 乐	−0.0334	0.0018	−0.0042
库尔勒	0.0736	0.0643	0.0048
阿克苏	−0.0295	−0.0011	0.0069
阿图什	−0.0596	−0.0024	−0.0437
喀 什	−0.0386	0.0308	0.0202
和 田	−0.0410	−0.0710	−0.0405
伊 宁	−0.0075	0.0295	−0.0012
奎 屯	0.0489	0.0240	−0.0415
塔 城	−0.0581	0.0013	−0.0076
乌 苏	−0.0412	0.0118	−0.0409
阿勒泰	−0.0368	0.0234	−0.0539
石河子	0.0903	0.0503	−0.0435
阿拉尔	0.0036	−0.0011	0.1160
图木舒克	−0.0400	0.0121	0.0040
五家渠	0.0610	−0.1747	0.0877

注：表中"产""城""人"发展水平为根据评价指标体系取得结果后进一步标准化后的数值。如果数值为正，说明发展水平高；反之，说明发展水平低。

6.2.3 新疆各县域产城融合发展路径分析

由新疆县域产城融合发展水平评价结果可知，鄯善县、托克逊县、巴里坤哈萨克自治县、伊吾县、奇台县、吉木萨尔县、伊宁县、托里县、和布克赛尔蒙古自治县、布尔津县、富蕴县、哈巴河县、青河县、吉木乃县、精河县、若羌县、焉耆回族自治县、库车县、拜城县、阿克陶县、阿合奇县、乌恰县、塔什库尔干塔吉克自治县、和田县、洛浦县、民丰县26个县域属于转化区，博湖县1个县域属于扶持区，呼图壁县、玛纳斯县、木垒哈萨克自治县、察布查尔锡伯自治县、霍城县、巩留县、新源县、昭苏县、特克斯县、尼勒克县、额敏县、沙湾县、裕民县、福海县、温泉县、轮台县、尉犁县、且末县、和静县、和硕县、温宿县、沙雅县、新和县、乌什县、阿瓦提县、柯坪县、疏附县、疏勒县、英吉沙县、泽普县、莎车县、叶城县、麦盖提县、岳普湖县、伽师县、巴楚县、墨玉县、皮山县、策勒县、于田县40个县域属于整改区，如表6-6、图6-4所示。根据表6-1区域A、B、C、D产城融合发展路径选择，可以得到新疆县级市产城融合发展路径与重点任务，如表6-6所示。

转化区伊吾县、阿克陶县的产城融合发展路径选择为$A \to E$，在产城融合发展中重点任务为"产""城""人"提质增效。转化区巴里坤哈萨克自治县、奇台县、吉木萨尔县、布尔津县、富蕴县、哈巴河县的产城融合发展路径选择为$A \to E$，在产城融合发展中重点任务为"产""城""人"提质增效，注重"城"的发展。转化区伊宁县、精河县的产城融合发展路径选择为$A \to E$，在产城融合发展中重点任务为"产""城""人"提质增效，注重"产"的发展。转化区鄯善县、托里县、托克逊县、和布克赛尔蒙古自治县、青河县、吉木乃县、若羌县、焉耆回族自治县、库车县、拜城县、民丰县、阿合奇县的产

表 6-6 新疆县域产城融合发展路径与重点任务

区域类型	县域	路径选择	重点任务		
	伊吾县、阿克陶县	A→E	"产" "城" "人" 提质增效		
	巴里坤哈萨克自治县、奇台县、吉木萨尔县、布尔津县、富蕴县、哈巴河县	A→E	"产" "城" "人" 提质增效，注重 "城" 的发展		
	伊宁县、精河县	A→E	"产" "城" "人" 提质增效，注重 "产" 的发展		
转化区	鄯善县、托里县、托克逊县、和布克赛尔蒙古自治县、青河县、吉木乃县、若羌县、焉耆回族自治县、库车县、拜城县、民丰县、阿合奇县	A→E	"产" "城" "人" 提质增效，注重 "城" "人" 的发展		
	乌恰县、塔什库尔干塔吉克自治县、和田县、洛浦县	A→E	"产" "城" "人" 提质增效，注重 "人" 的发展		
			阶段 1		阶段 2
扶持区	博湖县	B→A→E	"产" "城" "人" 补短板，注重 "产" "城" 的发展		"产" "城" "人" 提质增效

区域类型	县域	路径选择	阶段1	阶段2	阶段3
	呼图壁县，玛纳斯县，尼勒克县，温宿县，福海县，木垒哈萨克自治县	路径1：$C \rightarrow B \rightarrow A \rightarrow E$	"产""城""人"协同演化	"产""城""人"补短板，注重"产""城"的发展	"产""城""人"提质增效
		路径2：$C \rightarrow D \rightarrow A \rightarrow E$	"产""城""人"补短板，注重"产""城"的发展	"产""城""人"协同演化	"产""城""人"提质增效
		路径3：$C \rightarrow A \rightarrow E$	阶段1："产""城""人"补短板，"产""城""人"协同演化		阶段2："产""城""人"提质增效
整改区	察布查尔锡伯自治县，巩留县，昭苏县，特克斯县，额敏县，沙湾县，裕民县，且末县，和硕县，尉犁县，沙雅县，新和县，乌什县，阿瓦提县，莎车县，英吉沙县，岳普湖县，伽师县，麦盖提县，巴楚县，皮山县，策勒县，疏勒县	路径1：$C \rightarrow B \rightarrow A \rightarrow E$	"产""城""人"协同演化	"产""城""人"补短板	"产""城""人"提质增效
		路径2：$C \rightarrow D \rightarrow A \rightarrow E$	"产""城""人"补短板	"产""城""人"协同演化	"产""城""人"提质增效
		路径3：$C \rightarrow A \rightarrow E$	阶段1："产""城""人"补短板，"产""城""人"协同演化		阶段2："产""城""人"提质增效

区域类型	县域	路径选择	重点任务		
			阶段 1	阶段 2	阶段 3
	霍城县、新源县、轮台县、和静县、柯坪县、于田县	路径 1：$C \to B \to A \to E$	"产""城""人"协同演化	"产""城""人"注重"城""人"补短板的发展	"产""城""人"提质增效
		路径 2：$C \to D \to A \to E$	"产""城""人"补短板，注重"城""人"的发展	"产""城""人"协同演化	"产""城""人"提质增效
		路径 3：$C \to A \to E$	"产""城""人"补短板，注重"城""人"协同演化展，"产""城""人"的发	"产""城""人"提质增效	
整改区	疏附县、泽普县、叶城县、墨玉县	路径 1：$C \to B \to A \to E$	"产""城""人"协同演化	"产""城""人"注重"城""产""人"补短板的发展	"产""城""人"提质增效
		路径 2：$C \to D \to A \to E$	"产""城""人"补短板，注重"产""城""人"的发展	"产""城""人"协同演化	"产""城""人"提质增效
		路径 3：$C \to A \to E$	"产""城""人"补短板，注重"产""城""人"的发展，"产""城""人"协同演化	"产""城""人"提质增效	

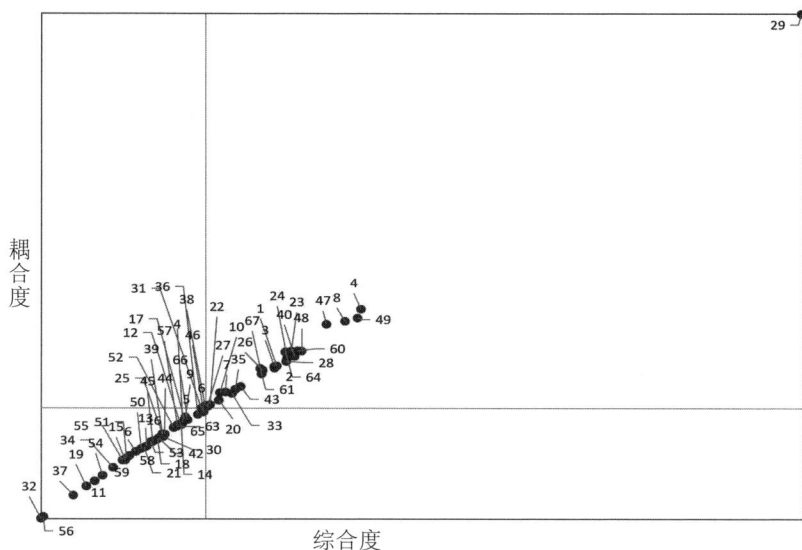

图6-4 基于四分图矩阵划分的新疆各县域产城融合发展类型

注：1表示鄯善县，2表示托克逊县，3表示巴里坤哈萨克自治县，4表示伊吾县，5表示呼图壁县，6表示玛纳斯县，7表示奇台县，8表示吉木萨尔县，9表示木垒哈萨克自治县，10表示伊宁县，11表示察布查尔锡伯自治县，12表示霍城县，13表示巩留县，14表示新源县，15表示昭苏县，16表示特克斯县，17表示尼勒克县，18表示额敏县，19表示沙湾县，20表示托里县，21表示裕民县，22表示和布克赛尔蒙古自治县，23表示布尔津县，24表示富蕴县，25表示福海县，26表示哈巴河县，27表示青河县，28表示吉木乃县，29表示精河县，30表示温泉县，31表示轮台县，32表示尉犁县，33表示若羌县，34表示且末县，35表示焉耆回族自治县，36表示和静县，37表示和硕县，38表示博湖县，39表示温宿县，40表示库车县，41表示沙雅县，42表示新和县，43表示拜城县，44表示乌什县，45表示阿瓦提县，46表示柯坪县，47表示阿克陶县，48表示阿合奇县，49表示乌恰县，50表示疏附县，51表示疏勒县，52表示英吉沙县，53表示泽普县，54表示莎车县，55表示叶城县，56表示麦盖提县，57表示岳普湖县，58表示伽师县，59表示巴楚县，60表示塔什库尔干塔吉克自治县，61表示和田县，62表示墨玉县，63表示皮山县，64表示洛浦县，65表示策勒县，66表示于田县，67表示民丰县。

城融合发展路径选择为$A{\rightarrow}E$，在产城融合发展中重点任务为"产""城""人"提质增效，注重"城""人"的发展。转化区乌恰县、塔什库尔干塔吉克自治县、和田县、洛浦县的产城融合发展路径选择为$A{\rightarrow}E$，在产城融合发展中重点任务为"产""城""人"提质增效，注重"人"的发展。

扶持区博湖县的产城融合发展路径选择为$B{\rightarrow}A{\rightarrow}E$，分为阶段1和阶段2。在阶段1，产城融合发展的重点任务为"产""城""人"补短板，注重"产""城"的发展；在阶段2，产城融合发展的重点任务为"产""城""人"提质增效。

整改区呼图壁县、玛纳斯县、木垒哈萨克自治县、尼勒克县、温宿县、福海县的产城融合发展路径选择为路径1（$C{\rightarrow}B{\rightarrow}A{\rightarrow}E$）、路径2（$C{\rightarrow}D{\rightarrow}A{\rightarrow}E$）和路径3（$C{\rightarrow}A{\rightarrow}E$）。如果选择路径1（$C{\rightarrow}B{\rightarrow}A{\rightarrow}E$），则分为阶段1、阶段2和阶段3。在阶段1，产城融合发展的重点任务为"产""城""人"协同演化；在阶段2，产城融合发展的重点任务为"产""城""人"补短板，注重"产""城"的发展；在阶段3，产城融合发展的重点任务为"产""城""人"提质增效。如果选择路径2（$C{\rightarrow}D{\rightarrow}A{\rightarrow}E$），则分为阶段1、阶段2和阶段3。在阶段1，产城融合发展的重点任务为"产""城""人"补短板，注重"产""城"的发展；在阶段2，产城融合发展的重点任务为"产""城""人"协同演化；在阶段3，产城融合发展的重点任务为"产""城""人"提质增效。如果选择路径3（$C{\rightarrow}A{\rightarrow}E$），则分为阶段1和阶段2。在阶段1，产城融合发展的重点任务为"产""城""人"补短板，注重"产""城"的发展，"产""城""人"协同演化；在阶段2，产城融合发展的重点任务为"产""城""人"提质增效。整改区察布查尔锡伯自治县、巩留县、昭苏县、特克斯县、额敏县、沙湾县、裕民县、温泉县、尉犁县、且末县、和硕县、沙雅县、新和县、乌什县、阿瓦提县、英吉沙县、莎车县、麦盖提县、岳普湖县、伽师县、巴楚县、皮山县、策勒县、疏勒县的产城融合发展路径选择为路径1（$C{\to}B{\to}A{\to}E$）、路径2（$C{\to}D{\to}A{\to}E$）和路径3（$C{\to}A{\to}E$）。如果选择路径1（$C{\to}B{\to}A{\to}E$），则分为阶段1、阶段2和阶段3。在阶段1，产城融合发展的重点任务为"产""城""人"协同演化；在阶段2，产城融合发展的重点任务为"产""城""人"补短板；在阶段3，产城融合发展的重点任务为"产""城""人"提质增效。如果选择路径2（$C{\to}D{\to}A{\to}E$），则分为阶段1、阶段2和阶段3。在阶段1，产城融合发展的重点任务为"产""城""人"补短板；在阶段2，产城融合发展的重点任务为"产""城""人"协同演化；在阶段3，产城融合发展的重点任务为"产""城""人"提质增效。如果选择路径3（$C{\to}A{\to}E$），则分为阶段1和阶段2。在阶段1，产城融合发展的重点任务为"产""城""人"补短板，"产""城""人"协同演化；在阶段2，产城融合发展的重点任务为"产""城""人"提质增效。整改区霍城县、新源县、轮台县、和静县、柯坪县、于田县的产城融合发展路径选择为路径1（$C{\to}B{\to}A{\to}E$）、路径2（$C{\to}D{\to}A{\to}E$）和路径3（$C{\to}A{\to}E$）。如果选择路径1（$C{\to}B{\to}A{\to}E$），则分为阶段1、阶段2和阶段3。在阶段1，产城融合发展的重点任务为"产""城""人"协同演化；在阶段2，产城融合发展的重点任务为"产""城""人"补短板，注重"城""人"的发展；在阶段3，产城融合发展的重点任务为"产""城""人"提质增效。如果选择路径2（$C{\to}D{\to}A{\to}E$），则分为阶段1、阶段2和阶段3。在阶段1，产城融合发展的重点任务为"产""城""人"补短板，注重"城""人"的发展；在阶段2，产城融合发展的重点任务为"产""城""人"协同演化；在阶段3，产城融合发展的重点任务为"产""城""人"提质增效。如果选择路径3（$C{\to}A{\to}E$），则分为阶段1和阶段2。在阶段1，产城融合发展的重点任务为"产""城""人"补短板，注重"城""人"的发展，"产""城""人"协同演化；在阶段 2，产城融合发展的重点任务为"产""城""人"提质增效。整改区疏附县、泽普县、叶城县、墨玉县的产城融合发展路径选择为路径 1（$C \rightarrow B \rightarrow A \rightarrow E$）、路径 2（$C \rightarrow D \rightarrow A \rightarrow E$）和路径 3（$C \rightarrow A \rightarrow E$）。如果选择路径 1（$C \rightarrow B \rightarrow A \rightarrow E$），则分为阶段 1、阶段 2 和阶段 3。在阶段 1，产城融合发展的重点任务为"产""城""人"协同演化；在阶段 2，产城融合发展的重点任务为"产""城""人"补短板，注重"产""人"的发展；在阶段 3，产城融合发展的重点任务为"产""城""人"提质增效。如果选择路径 2（$C \rightarrow D \rightarrow A \rightarrow E$），则分为阶段 1、阶段 2 和阶段 3。在阶段 1，产城融合发展的重点任务为"产""城""人"补短板，注重"产""人"的发展；在阶段 2，产城融合发展的重点任务为"产""城""人"协同演化；在阶段 3，产城融合发展的重点任务为"产""城""人"提质增效。如果选择路径 3（$C \rightarrow A \rightarrow E$），则分为阶段 1 和阶段 2。在阶段 1，产城融合发展的重点任务为"产""城""人"补短板，注重"产""人"的发展，"产""城""人"协同演化；在阶段 2，产城融合发展的重点任务为"产""城""人"提质增效。

另外，由表 6-7 知，转化区巴里坤哈萨克自治县、奇台县、吉木萨尔县、布尔津县、富蕴县、哈巴河县 2018 年产城融合发展中"城"的发展水平低，所以在重点任务中强调注重"城"的发展；转化区伊宁县、精河县 2018 年产城融合发展中"产"的发展水平低，所以在重点任务中强调注重"产"的发展；转化区鄯善县、托里县、托克逊县和布克赛尔蒙古自治县、青河县、吉木乃县、若羌县、焉耆回族自治县、库车县、拜城县、民丰县、阿合奇县 2018 年产城融合发展中"城""人"的发展水平低，所以在重点任务中强调注重"城""人"的发展；转化区乌恰县、塔什库尔干塔吉克自治县、和田县、洛浦县

2018年产城融合发展中"人"的发展水平低，所以在重点任务中强调注重"人"的发展；扶持区博湖县2018年产城融合发展中"产""城"的发展水平低，所以在重点任务中强调注重"产""城"的发展；整改区呼图壁县、玛纳斯县、木垒哈萨克自治县、尼勒克县、温宿县、福海县2018年产城融合发展中"产""城"的发展水平低，所以在重点任务中强调注重"产""城"的发展；整改区霍城县、新源县、轮台县、和静县、柯坪县、于田县2018年产城融合发展中"城""人"的发展水平低，所以在重点任务中强调注重"城""人"的发展；整改区疏附县、泽普、叶城县、墨玉县2018年产城融合发展中"产""人"的发展水平低，所以在重点任务中强调注重"产""人"的发展。

表6-7　2018年新疆县域产城融合发展中"产""城""人"发展水平

县域	产	城	人
鄯善县	0.1281	−0.0244	−0.0103
托克逊县	0.1325	−0.0229	−0.0215
巴里坤哈萨克自治县	0.1171	−0.0276	0.0030
伊吾县	0.1849	0.0227	0.0267
呼图壁县	−0.0163	−0.0278	0.0117
玛纳斯县	−0.0105	−0.0273	0.0333
奇台县	0.0129	−0.0123	0.0326
吉木萨尔县	0.1835	−0.0047	0.0259
木垒哈萨克自治县	−0.0556	−0.0023	0.0360
伊宁县	−0.0324	0.0536	0.0149
察布查尔锡伯自治县	−0.1207	−0.0269	−0.0254

县域	产	城	人
霍城县	0.0009	-0.0302	-0.0189
巩留县	-0.0516	-0.0240	-0.0207
新源县	0.0040	-0.0335	-0.0188
昭苏县	-0.0835	-0.0237	-0.0201
特克斯县	-0.0521	-0.0181	-0.0128
尼勒克县	-0.0307	-0.0035	0.0028
额敏县	-0.0349	-0.0302	-0.0157
沙湾县	-0.1416	-0.0302	-0.0104
托里县	0.0449	-0.0173	-0.0171
裕民县	-0.0595	-0.0205	-0.0185
和布克赛尔蒙古自治县	0.0219	-0.0047	-0.0162
布尔津县	0.0930	-0.0178	0.0563
富蕴县	0.1285	-0.0166	0.0008
福海县	-0.0531	-0.0219	0.0088
哈巴河县	0.0736	-0.0015	0.0116
青河县	0.0229	-0.0209	-0.0059
吉木乃县	0.1492	-0.0249	-0.0196
精河县	-0.0266	0.5392	0.6150
温泉县	-0.0155	-0.0363	-0.0249
轮台县	0.0137	-0.0119	-0.0135
尉犁县	-0.1980	-0.0307	-0.0220
若羌县	0.0738	-0.0276	-0.0196

县域	产	城	人
且末县	-0.1142	-0.0042	-0.0224
焉耆回族自治县	0.0590	-0.0180	-0.0038
和静县	0.0267	-0.0288	-0.0214
和硕县	-0.1625	-0.0222	-0.0161
博湖县	-0.0064	-0.0014	0.0083
温宿县	-0.0570	-0.0188	0.0107
库车县	0.1589	-0.0242	-0.0174
沙雅县	-0.0054	-0.0221	-0.0150
新和县	-0.0398	-0.0159	-0.0217
拜城县	0.0701	-0.0163	-0.0101
乌什县	-0.0307	-0.0115	-0.0269
阿瓦提县	-0.0505	-0.0145	-0.0205
柯坪县	0.0444	-0.0327	-0.0297
阿克陶县	0.0831	0.1024	0.0145
阿合奇县	0.1593	-0.0113	-0.0177
乌恰县	0.2287	0.0001	-0.0146
疏附县	-0.0759	0.0028	-0.0264
疏勒县	-0.1027	-0.0019	-0.0144
英吉沙县	-0.0268	-0.0097	-0.0169
泽普县	-0.0673	0.0008	-0.0175
莎车县	-0.1140	-0.0230	-0.0233
叶城县	-0.1164	0.0080	-0.0139

县域	产	城	人
麦盖提县	−0.2030	−0.0254	−0.0164
岳普湖县	−0.0251	−0.0054	−0.0162
伽师县	−0.1048	−0.0032	−0.0047
巴楚县	−0.1011	−0.0075	−0.0122
塔什库尔干塔吉克自治县	0.1341	0.0010	−0.0044
和田县	0.0203	0.1048	−0.0303
墨玉县	−0.0947	0.0160	−0.0254
皮山县	−0.0157	−0.0072	−0.0279
洛浦县	0.0397	0.1187	−0.0231
策勒县	−0.0149	−0.0055	−0.0240
于田县	0.0029	−0.0123	−0.0265
民丰县	0.0987	−0.0044	−0.0204

注：表中"产""城""人"发展水平为根据评价指标体系取得结果后进一步标准化后的数值。如果数值为正，说明发展水平高；反之，说明发展水平低。

在促进各县域产业结构优化升级、大力招商引资、扩大企业规模的同时，要注重"产""城""人"的协同发展，发挥财政、金融对各县域产城融合发展的支持作用，进一步优化营商环境，发挥市场对资源配置的决定性作用。积极推进各县域开放型经济的发展，尤其是鄯善县、托克逊县、巴里坤哈萨克自治县、伊吾县、呼图壁县、玛纳斯县、奇台县、吉木萨尔县、木垒哈萨克自治县、伊宁县、察布查尔锡伯自治县、霍城县、巩留县、新源县、昭苏县、特克斯县、尼勒克县、额敏县、沙湾县、托里县、裕民县、和布克赛尔蒙古自治县、布尔津县、富蕴县、福海县、哈巴河县、青河县、吉木乃县、温泉县、轮台县、尉犁县、若羌县、且末县、焉耆回族自治县、和静县、温宿县、库车县、沙雅县、新和县、拜城县、乌什县、阿瓦提县、柯坪县、阿克陶县、阿合奇县、乌恰县、疏附县、疏勒县、英吉沙县、泽普县、莎车县、叶城县、麦盖提县、岳普湖县、伽师县、巴楚县、塔什库尔干塔吉克自治县、和田县、墨玉县、皮山县、洛浦县、策勒县、于田县、民丰县等64个县域。各县域应进一步完善基础设施，促进区域内各类基础设施互联互通，推进跨区域重大基础设施建设。按照政府主导、社会参与、市场运作的原则，进一步完善城乡建设投融资体制。推动水电路气等基础设施城乡联网、共建共享，加强城乡基础设施连接。完善交通运输网络体系，改善物流基础设施，降低物流成本。加快形成可持续的基本公共服务体系，文化、旅游、教育、医疗、体育等公共服务设施合理布局，居住、商业、娱乐、休闲等设施配套建设完备，城乡一体的社会保障体系建立健全，提升宜居宜业水平。

6.3 新疆泛县域经济产城融合发展路径分析

6.3.1 形成功能互补的开放型县域经济

随着信息技术、交通基础设施的发展，新农村建设正融合到新型城镇化的建设中，县域经济的行政区划特征正在不断被打破，传统县域经济发展模式正在受到冲击。在资源有限的条件下，县域经济需要以资源主体身份融入更大的区域经济体中，摈除同质竞争，发展符合本县优质资源的特色产业，实现县域间的资源互补。县域经济不是朝着大而全的方向，而是要推动资源在县域间流动交换，在位置相邻的多个区域之间一个或多个县域经济的发展为另外一个或多个县域经济的发展提供产业或者城市居住的功能。县域经济发展需要变得更加开放，在更大范围内综合利用和配置资源，形成功能互补的开放型县域经济。

6.3.2　建立泛县域城市圈或跨县域产城融合示范区

为促进各相邻县域的发展，可以在此类县域建立泛县域城市圈或建立跨县域产城融合示范区，在泛县域的基础上综合开发和利用共生资源，发挥其辐射带动作用，形成县域经济的共生模式。随着县域经济体系的形成，各县域均融入更大的经济圈，在更大的范围内配置资源，通过共生模式实现产业与城市功能的优化组合。就跨县域产城融合的发展而言，首要问题是破解行政区划的约束，制订更高层级的区域发展规划，推动各类要素集聚共享、协同互动，形成交通往来顺畅、城市功能互补、空间结构清晰、基础设施和公共服务共享的局面，促进产城融合、城乡融合、兵地融合。以县域内优势产业为发展极，在县域间实现要素资源双向良性互动，推进县域内要素发展集聚点和平台的形成，吸引人才、资金流入，不断扩大产业规模，延伸产业链，推动城镇基础设施不断完善。

6.3.3　坚持发展与生态共生

产城融合发展是以人为核心并且在可持续发展的基础上推进产城融合发展。在推进泛县域经济产城融合进程中，产业与城市融合发展要坚持与生态相结合。在注重生态环境保护的前提下，产业的发展不仅仅为了推动产业优化升级、促进城镇功能完善，更要以城市承载力为基础，实现产业生态化和生态产业化；城市的发展不仅以人为核心，还要在考虑环境可持续性的基础上进行城市功能布局，按照生态共生标准来规划和建设。在泛县域经济发展的思路下，合理布局现代农业、工业体系以及现代服务业，发展特色"板块经济"，实现产业合作互补，构建共生产业园区，初步形成具有一定竞争力的产业集群，搭建具备规模化、生态化效应的循环共生模式。同时，构建政府联动机制，沟通区域产业联动问题，深化区际共生融合，实现产业联动和生态共生。

第 7 章

新疆不同空间类型产城融合实现的路径选择

新疆不同区域层次既有差异又有相同点。不管是地州（市）层面还是县级市抑或县域，在产城融合的发展中在空间类型上都涉及新城区、老城区、小城镇。为更好地分析新疆产城融合发展路径选择问题，在分析新疆不同区域层次产城融合发展路径的同时，进一步分析不同空间类型产城融合发展的路径。

7.1 新疆产城融合发展的目标取向和基本原则

7.1.1 新疆产城融合发展的目标取向

按照党中央和国务院决策部署，契合区域发展和新型城镇化发展的趋势，适应国内城镇和产业融合发展的新要求，依托新疆现有的自治区级开发区和国家级开发区，充分彰显政策规划的引导性作用。产城融合发展是协调区域发展、调整经济结构、契合经济发展新趋势的需要。随着产城融合的不断推进，产城融合理论落地见效，以产促城、以城促产、产城协调互动的融合发展模式初显。新疆区内的资源配置不断优化，整体经济社会发展水平显著提升，现代产业体系加快形成，城镇综合服务功能不断完善，经济发展步伐逐步加快，人民生活水平大幅提高，生态环境进一步优化，实现城镇化与产业发展的耦合协调与空间整合，实现城市生活、生产、生态功能的耦合。

7.1.2 新疆产城融合发展的基本原则

（1）规划引领，有序发展。按照城镇建设发展的规划要求和土地使用的相关规定，做好产城融合的发展规划，并在执行中以此为标准，促进产业与城镇的有序、科学和合理发展。

（2）市场调节，政府引导。妥善处理好政府和市场的关系，发挥政府有形之手和市场无形之手的作用。发展中，遵循市场自身发展规律，使市场的决定作用在资源配置中得到充分显现；在公共服务的供给、制度环境的营造以及相关政策规划的制定等方面发挥政府的责任。在政策引导和规划调控的作用下，在市场自发推动中，产城融合日益显现。

（3）"四化"同步，以人为本。经济发展新常态要求"四化"同步，在产城融合的发展中也要协调好其与农业现代化和信息化的关系。一个良好的发展环境是产业集聚、人口流入的前提条件，产生集聚效应，促进产业和城镇发展。在发展中要强调以人为本，通过不断完善基础设施、不断改善居住环境、不断提高公共服务水平，使人的获得感不断提升。

（4）集约高效，绿色低碳。在产城融合进程中，要提高土地保护意识，推进用地节约制度建设，在城市开发中合理控制边界、合理规划土地，不断提高土地利用效率。贯彻绿色低碳发展理念，协调好发展与环境保护的关系，提升环保意识，不断提高资源利用效率，改善环境。

（5）改革创新，先行先试。发展环境的营造，要求政府发挥行政管理职能，建立完善有关制度。改革创新理念的落实，要求推进产城融合示范区建设，推广一些可复制的方法，协调区域间的发展，鼓励先行先试，加快产城融合发展。

7.2 国内产城融合实践经验及其对新疆的借鉴

7.2.1 国家产城融合示范区建设经验

国家发改委于2016年提出了58个产城融合示范区建设的主要任

务。经过多年的探索实践，各地在促进产城融合发展方面取得了一定的经验。本书选取了位于京津冀的天津市北辰区、位于长三角的上海市闵行区、位于大湾区的深圳市龙岗区进行分析。这三个国家级产城融合示范区既有相似之处，也有差异所在，总体上体现了京津冀、长三角、大湾区的发展特点。

1）从配套上，注重通过生产生活配套促进职住均衡

北辰产城融合示范区在城建上做好公共服务与居住空间配套，打造魅力水岸宜居新家园；在产业上做好转型升级，建设智享创新区域中心；在景观上建设低碳生态绿色田园城，做好引绿入城的生态空间利用。

闵行产城融合示范区积极建立与职住平衡相适应的住房供给体系，实施公共服务设施建设三年行动计划，优先保障公共服务设施的规划选址和土地供应，鼓励使用存量用地或通过土地混合使用增加公共设施建设和服务供给。

龙岗产城融合示范区以促进人和就业岗位的匹配为着力点，梳理出多项产业转型升级方面的重要工作；以促进人和城市的匹配为着力点，梳埋出城市品质提升、环境治理等方面的重点任务；以促进产业空间和城市的匹配为着力点，推动城市交通体系完善，破除要素资源流动的体制机制障碍。

2）从动力上，注重通过"产业+科创"强化内生动力

北辰产城融合示范区涵盖国家级北辰经济技术开发区和自主创新示范区，拥有国家级和省级科研院所16家，国家级和市级企业技术中心、研发中心65家，创新推出"辰智贷"，用于支持科技创新成果转移转化。

闵行产城融合示范区是上海市唯一的国家科技成果转移转化示范区，拥有两所985高校和航天、航空、船舶系统等领域的10多个"大

院大所"，通过打造上海南部科创中心公共服务平台，提供科技金融、创新创业、成果转化等"一门式"科创服务。

龙岗产城融合示范区拥有3所高等院校，3所诺贝尔奖科学家实验室，各类重点实验室、工程实验室、工程中心等创新平台160个，市级孵化基地13个，大力打造亚太地区信息通信业（ICT）的产业中枢。

3）从载体上，注重通过"枢纽+门户"扩大双向开放

北辰产城融合示范区积极践行京津冀协同发展国家战略，充分发挥城际和货运两个枢纽，打造运输中心，以纾解首都交通压力。

闵行产城融合示范区践行长三角一体化国家战略，结合城市副中心、地区中心和社区中心不同层级城市节点的功能需求，推动轨道交通站点以公共交通为导向的开发（TOD）模式，实现轨道交通与周边土地、商业的良性互动。

龙岗产城融合示范区加快建设大运交通枢纽，积极践行粤港澳大湾区国家战略，努力成为深圳发挥粤港澳大湾区核心引擎作用的主要支撑点。

4）"内产外城""串产联城""亦产亦城"的融合路径

北辰产城融合示范区总体采取的是核心区带动的"内产外城"路径，集中引进一批先进制造业和现代服务业项目。在此基础上，明确了"一带两镇四园"的空间布局："一带"即京津黄金走廊及郊野公园观光旅游带；"两镇"分别是运河国际生态新市镇、栖凤国际健康养老新市镇；"四园"分别是京津智慧科创园、国际物流贸易港、高端装备产业园、京津产融智创园。总的来看，北辰产城融合示范区的特点是产业在中间、城市在两端，属于比较典型的处于起步阶段的"内产外城"。这种结构的优点在于空间分区比较明确，容易形成产业和生活的集聚效应，进一步强化产业带动作用；缺点在于空间尺度相

对较大，在具体地块内融合程度不高。

闵行产城融合示范区总体采取的是功能区带动的"串产联城"路径。闵行区在全域产城融合示范区建设中，重点聚焦虹桥商务区、南滨江地区、临港浦江国际科技城三个功能区域。总的来看，闵行产城融合示范区的特点是功能区嵌套、组团化联动，属于比较典型的处于成长阶段的"串产联城"。这种结构的优点在于组团内部融合程度较高，并通过重要廊道将组团串联，形成整体城镇架构；缺点在于交通压力较大，组团之间的融合存在短板。

龙岗产城融合示范区的特点是分散化布局、单元化融合，属于比较典型的处于成熟阶段的"亦产亦城"。这种结构的优点在于将工作圈与生活圈融合，实现了比较深度的职住均衡。但是，这种空间结构与其产业结构密切相关，不是所有地方都能复制推广。

7.2.2　国内产城融合实践经验对新疆的借鉴

1）规划引领是产城融合发展的基础

产城融合发展涉及面广、空间较大，应当进行统筹谋划。坚持规划先行，完善产城融合发展协调机制，成立工作领导小组，统筹产城融合发展工作，研究顶层制度设计，制定出台政策意见，比如《产城融合发展策略》《产城融合行动计划》《产城融合示范区推广方案》《产城融合示范区工作实施方案》等一系列规划文件，对产城融合路径进行系统的战略谋划和具体的任务谋划，从制度层面保障产城融合发展的创建和推进。同时，从土地、资金、人才等方面强化产城融合要素保障机制。

2）因地制宜是产城融合发展的关键

围绕产城融合的内涵和特征，结合各地区的经济基础、资源禀赋等因素，认真分析新疆产业、人文、区位优势等特点。比如，资源型城市是随着矿产资源和旅游资源的开发而发展的，作为一种特殊类型的城市，其主导产业是围绕资源开发形成的采掘业和初级加工业。同时，聚焦优势特色产业和互联网经济新兴产业，采用不同的产城融合发展模式进行规划建设。

7.3 新疆不同空间类型产城融合发展的路径选择

在信息化、农业现代化、工业化和城镇化协同发展的现实经济背景下，遵循新城区、老城区和小城镇等不同区域产城融合发展的形成机理，走以人为本的新型城镇化和以节能环保为特征的新型工业化。以城镇质量提高为导向，以人的发展为核心，深入实施新型城镇化战略，全面提升城镇发展质量和效益；契合绿色发展理念，优化产业结构和空间布局，推动工业强基增效和转型升级，全面提升新型工业化发展水平，形成"'四化'同步、以人为本、产城融合、城乡统筹、兵地融合"的新时代新型城镇化高质量发展道路。具体到不同区域的实践路径，应根据产城融合发展现实基础的不同，选取差异化的分路径。

7.3.1 新城区产城融合发展的具体实现路径

1）空间匹配协调的产业和城镇融合发展道路

新城区在发展初期基础设施薄弱，服务功能不完善，职住分离、产城分离问题严重。就此类问题的产生而言，在部分城市是产业和城市规划不合理造成的，在部分城市是无效的市场资源配置导致的。需要剔除行政规划不当的非科学干扰影响，结合城市发展定位，实施空间匹配协调的城镇和产业融合道路，解决产城分离问题。首先，产城融合的空间意义要被准确理解，不能简单地认为居住区和工作区零距离紧密相连，产城一体化的科学含义应该是维持在一定的环保、安全的空间范围，具体距离依据生产区的性质确定。其次，在产业发展符合城市定位的前提下，科学划定职住的空间距离。在实践中，对于产业区和城市的距离，有的是政府规划确定的，有的是市场自发形成的。但是，由于可能存在市场失灵和规划不科学的情况，这两种路径形成的空间距离都有不妥之处。

在不同规模的城市中，就位置接近城市边缘的企业而言，地租下降使得企业效应增强，而消费者效应则因通勤成本上升而减弱。企业的选址是根据自身利润最大化目标来进行的，如劳动密集型企业通常设立在距离城市中心较远的位置，技术密集型企业通常设立在距离城市中心较近的位置。我们应该在充分考虑各因素和遵循市场规律的基础上，规划合适的空间距离，制定可行的产城融合发展路径。

2）效率匹配的产业和城镇融合发展道路

新城区产城分离主要表现为城镇化和工业化发展不协调、发展效率低、融合度低。造成上述现象的原因要么是城镇基础配套设施建设滞后于产业发展，要么是产业发展速度跟不上城镇发展速度，造成公共资源浪费和公共基础设施闲置等社会成本增加。在实践中，城镇和产业的发展在新城区要匹配，一慢一快或一先一后的不协调发展方式都会带来低水平的融合度。一般来说，上层的制度设计可以超前，可以适当提前制订关于新型城镇化和产业发展的规划。在规划中，假设城镇化发展可以为产业发展提供各种所需条件，当新城区有新产业园落户的时候，要加快城镇化进程，同时充分考虑城镇的规模以及城镇对产业的需求，调整产业在新城区的发展速度。在新疆产城融合的实践中，将产业发展与城镇建设有机融合、实施一体化规划。城镇发展的速度和规模决定了产业发展的速度和规模，将产业选择与地方特色结合起来，统筹好两者的关系。

7.3.2　老城区产城融合发展的具体实现路径

1）信息化和新型工业化融合的产城融合发展道路

针对传统工业聚集地的老城区，产业竞争力弱，新型工业化发展受阻，需要用信息化的新型技术对传统产业进行改造，走新型工业化与信息化融合发展的道路。信息技术为老城区的产业带来了活力，带动了产业的优化升级，提高了产业竞争力，也带来了老城区的全面升级。可以说，信息化推动了老城区新型工业化的发展。

2）以人为本的产业和城市融合发展道路

以人为本、重视人的发展是产城融合发展成功的重要因素。新疆大部分老城区基础设施老旧，公共服务欠账多，社会服务功能没有得到有效提升，居住体验差。在产城融合发展中，提升民众幸福感和满意度是重要目标，老旧城区的改造是重要手段。老旧城区的改造，使民众的居住环境得到改善，使基础设施不断完善，使城市公共服务功能日益提升，人的需求得到不断满足。重视人的发展的新型城市化建设，为老城区产业发展提供了良好的发展条件，促使"人城""产城""产人"良性互动的形成，有利于产城融合的实现。

3）智慧城市建设的产业和城市融合发展道路

智慧城市集合利用新一代信息技术，创新社会层面的经济因素，实现经济、社会、环境的全面可持续发展。智慧城市建设在城市可持续发展中具有重要作用，是加快老城区产城融合发展的重要手段。智慧城市的建设能使城市系统高效协同运转，逐步向城市治理、园区管理等重点行业推广应用，建设社区生活综合服务中心，实现老城区功能的改造升级。5G网络的加快布局和全覆盖，能奠定城镇与产业融合的技术支撑基础。加快推进技术开发、产品研制、科学研究等科技基础设施建设，可以推动新一代信息技术在产业发展中的应用。

7.3.3 小城镇产城融合发展的具体实现路径

1）优先发展产业集群的产业和城镇融合发展道路

产城融合的经济基础薄弱、地理空间不足是小城镇产城融合发展中面临的问题。相比大中城市，小城镇具有天然的短板，比如公共服务体系不完善、基础设施不健全、经济基础薄弱、城市空间不足，这就使得小城镇产城融合发展之路异常困难，必须发挥城镇和产业两方面的作用。小城镇资源有限，在产业选择上不具备发展大而全的条件，应该集中优势资源发展相对优势产业；单个或数个企业无法为城镇发展提供经济基础，应在现有优势资源的基础上吸引更多的企业，形成产业集群，从而使得规模经济不断凸显，竞争力日益提高。"一镇一产业集群"是小城镇发展的最优选择。以乌鲁木齐、昌吉、石河子高新技术产业集聚区，准东、哈密、吐鲁番能源化工产业集聚区，奎屯、独山子、乌苏、克拉玛依石油化工和装备制造产业集聚区，伊犁、博州、塔城、阿勒泰农副产品加工和外向型产业集聚区，库尔勒、库车、阿克苏化工纺织产业集聚区以及和田、喀什、克州劳动密集型产业和外向型产业集聚区建设为抓手，依据区域特色与资源禀赋积极开展"一镇一品"或"一县一品"战略。

2）优先发展小城镇的产业和城镇融合发展道路

"不均衡不协调"是目前新疆城镇化发展所呈现的特点，大中城市往往集中较多的优质资源，造成城市间的差距逐渐扩大。实施小城镇优先发展战略是破解发展不均衡难题的关键。因为城市基础设施薄弱是小城镇发展的短板，所以，在小城镇的发展中，不断完善城市配套功能建设，发挥距离农村剩余劳动力近的优势，吸引农村剩余劳动力流入，提升他们的幸福感，实现其从常住人口到市民化的转变，奠定产城融合的人口基础。小城镇建设不仅契合城镇产业集群发展的需要，而且契合补齐发展短板的需要。在支持国家特色小城镇发展（见附表3）的背景下，加大小城镇培育力度，促进特色小镇规范健康发展，因地制宜发展小城镇。

3）发展城乡一体化的产业和城镇融合发展道路

城乡一体化是城镇化发展的另一个阶段，以逐渐拉近城乡间的差距为目标。

通过资本、劳动力、技术在城乡间的流动，形成城乡间的生产要素市场，实现城乡间的生活、生产方式趋同，城乡间在经济发展、生态环境和公共服务等方面差距缩小。城乡一体化目标的实现，构建了城乡间生产要素共享平台，减少了城乡间沟通壁垒，解决了小城镇发展融合问题。实践中，完善城乡融合发展体制机制，破除土地、劳动力、技术等要素在城乡间流动的壁垒，推动各类生产要素双向流动；重塑城乡间的关系，合理配置各项要素，构建互补互促、协调发展的城乡一体化关系。

第8章

新疆产城融合发展路径的保障措施

8.1 财政支持

8.1.1 加大财政支持产业发展的力度，巩固产城融合的经济关联

加大财政对主导产业发展和现代服务业发展的支持力度。主导产业在国内生产总值中占比较高，对经济发展具有重要作用。主导产业为产城融合发展提供内在动力与保障。发挥各地区比较优势，提升主导产业竞争力，在产城融合中凸显其内在助推作用。优化产业集群，发挥其辐射带动功能，实现其集聚功能在产业和城镇间的良性循环，推动产业转型升级、城镇功能不断完善。大力发展现代服务业。现代服务业在经济发展中具有重要作用，它能有效扩大内需，提供灵活的工作岗位，解决城镇居民的就业问题。现代服务业的发展能优化地区的产业结构，为城镇生活水平的提高助力，为产城融合的发展提供支撑。遵循现代服务业内在发展规律，发挥政策的激励作用，突出重点，优化现代服务业的结构，引导现代服务业向着更好的方向更快发展，满足城镇居民生活性和服务性的需求。

8.1.2 优化公共服务财政支出的结构，强化产城融合的城市承载

完善基础设施建设，提升城镇服务功能。城镇是产业发展的载体，其公共服务、基础设施的不断完善，使居民的生产生活得到基本满足。政府作为城镇基础设施的主要提供方，整合财政资金并引导其向基础设施投入，使城市在公共交通、水电暖能源供应、运输通信等方面供应水平不断提升，使城市的发展环境不断完善，发挥城镇化对产城融合动力支撑。

注重服务功能提升，彰显城市品质。城镇功能的不完善、公共服

务能力的弱化制约了产城融合的进程，所以产城融合进程中要注重城镇服务功能的提升。在实践中，注重人的发展，加大民生领域的财政支持，注重城镇服务功能的提升，保障医疗、住房、教育、社保等均衡配置，为新型城镇化提供强有力的保障功能。

提升城市特色的文化内涵，打造宜业宜居环境。在城镇规划中，把新疆各地拥有的独特文化考虑进去，做好城市发展定位，将此与产城融合发展结合起来，在建设中将传统文化与现代发展相结合，展现不同的城市文化内涵。同时，城镇发展中注重人的发展，优化财政支持结构，破解由产业和城镇发展带来的环境压力，走可持续发展的道路，树立发展不以环境为代价的理念，打造宜业宜居环境。

8.1.3 加强财政的资源优化配置功能，夯实产城融合的产业根基

提升土地利用水平。土地的转让收入在政府财政中占有重要地位，在产城融合发展中，改善土地管理水平，合理规划现有土地资源，提高土地资源的利用效率，合理规划现有的城市空间，减少产城融合进程中用地格局不合理的情形。同时，使农村宅基地管理、乡镇企业用地等方面的管理政策不断完善。

合理布局生产要素。产城融合的发展受劳动力、资本、技术等生产要素的影响。不管是产业的发展壮大还是新型城镇化的实现都需要各类生产要素，生产要素的合理布局对产城融合的实现具有重要作用。加强财政对生产要素的优化配置，实现生产要素的自由流动，推进生产要素的合理布局和利用效率提高。实践中，新疆各区域都拥有各自的要素优势和短板，生产要素的自由流通可以弥补不足、强化优势，为产城融合提供发展动力。

鼓励人口流入和人才引进。人口的流入为产城融合发展提供强有力的人口聚集，促进形成"人""城""产"三者的良性互动。引导疆

内农村人口向城镇流入，做到产业发展与人口发展的协同。申请成立专项资金，淡化户籍，为由农村流入城镇的人口提供强有力的社会保障，为引用的人才提供引进资金鼓励，注重人的城镇化，使人的发展得到满足。

8.1.4 健全财政配套措施与技术支撑，优化产城融合的宏观环境

产城融合进程中需要大量资金投入，仅凭财政资金的支持不能满足产城融合的可持续，资金来源渠道亟待拓展。除政府外，企业社会方面的力量应被鼓励，利用参股、税收、担保、贴息等方式调动外商投资企业、民营企业等参与产城融合发展的积极性。同时，财政资金的合理使用也是必要的。

协调政府间财政分配。各级政府在产城融合发展中，由于立场不同，所得利益也有所差别。维系各级政府间的竞争合作关系，协调好利益分配，是支撑产城融合发展的重要条件。同级别的不同政府存在协商、竞争合作的关系，不同级别的纵向政府存在合作、博弈关系。随着产城融合区域的扩大，同级政府间的合作不断增多，通过资源共享、优势互补实现双方的共同利益。

8.2 金融支持

8.2.1 进一步推进金融服务实体经济，积极构建产融服务生态

推进金融资源集聚，建立多元化的金融组织体系。加快金融要素整合、金融资源集聚，进一步形成聚合效应和带动效应，促进金融市场竞争，不断降低金融产品的价格，使中小微企业得到实惠。不断延伸金融机构网络，实现银行机构网点乡镇全覆盖。找准金融服务薄弱

点，建立包容性的普惠金融模式。以产业集群、小微企业和"三农"等领域金融服务为重点，在产品服务、管理方式、组织架构等方面进行全方位创新，不断提高金融服务的可得性和覆盖面。

建立可持续的信用信息环境，增强金融服务可得性。把信用信息作为金融业发展的基石，收集信息，谋划设计，逐步完善信用体系和运行机制，夯实金融业发展的基础，信息互通，风险可控，打造有利于金融业有序发展与竞争的环境。

建立开放型的投融资通道，强化企业融资支撑点。畅通投资渠道，进一步释放民间资本的活力，鼓励民间资本进入产城融合领域，通过金融渠道推动民间资本转化为产业资本，搭建政银企对接平台，提升企业融资获得感。积极发挥部门合力、市县联动、政银企互动机制，建立健全企业金融顾问制度，实行名单制管理，积极搭建政银企对接桥梁。紧盯金融风险防控关键点，确定地方金融改革发展、服务监管和风险处置的职责，建立健全地方金融监管体系，探索金融管控的作为空间，推进对金融服务主体的有效监管和服务。

8.2.2 金融科技赋能产融合作，助力实体经济高质量发展

搭建"新疆产融合作云平台"，畅通政银企交流对接渠道。将互联网与大数据应用有效结合，建立产融合作对接平台，营造金融与产业良性互动的生态环境。以大数据为核心技术，以风险控制为防线，引入第三方信用服务机构，构建"政府+企业+第三方信用机构"的运行模式，集成各类信用信息，完善金融产品智能匹配、精准推送融资需求、把控融资进度以及风控预警、实时跟踪等服务功能，为企业全生命周期提供涵盖丰富金融产品和信用服务的综合性金融服务。"新疆产融合作云平台"基于微信公众平台和门户网站，优选银行、小贷公司等金融服务机构的特色产品，紧紧围绕中小企业需求，广泛

征集中小企业融资需求，以企业精准服务为突破口。通过大数据分析以及"一对一"专业融资顾问服务，为中小企业提供多元化的融资渠道选择和个性化的融资解决方案，改变之前单向推送融资服务信息的方式，采用汇集多方机构与企业互动的方式，打破了传统网上融资服务信息平台海量筛选难、针对性不强、互动性不够的瓶颈。形成以信用为纽带的政府部门、金融机构、信用服务机构、企业一体化协作的综合金融服务机制，打造"政、银、企、信"信用信息共享、智能可信任的中小微企业信用融资服务生态圈。

通过引入信用服务功能和其他金融科技服务手段，实现全流程风险控制及个性化服务。一是汇聚社会信用服务示范机构提供的信用报告评分和企业画像等信用产品，强化信用服务，助力金融机构精准识别中小企业信用风险，降低授信成本，有效解决金融机构与中小微企业间存在的信息不对称问题，提升融资对接转化率。二是优化金融科技服务，提供风险管控，增强企业用户身份校验、贷前智能调查、智能匹配、信用报告、贷后风险预警、智能催收、服务成效评估等服务功能，不断提升平台服务效率和用户体验。

8.2.3 创新金融服务方式，助推实体经济高质量发展

构建融资风险分担机制，破解信息不对称、信用不充分问题。鼓励银行加大对中小微企业的信贷支持。完善企业信用信息共享长效机制。推动政策性投融产品落地落实，提升国有平台公司融资服务能力。一是发挥政府引导基金推动产业和城镇的发展，设立新疆工业和信息化产业引导基金等产业引导、创投和天使基金，集聚优质企业、推进城镇化发展。二是不断改革创新投融资机制，通过引入社会资金和专业投资管理机构，营造产业与金融良性互动、互利共赢的生态环境。三是支持政府性融资担保机构做大做强，通过资源整合对现有市

级政府性融资担保机构进行整合重组，聚焦产业和城镇的融合发展，充分发挥其对相关行业主力军的推动作用，支持实体经济加快发展。

推动地方各类金融机构规范发展，完善融资服务激励奖补措施。一是加大对企业上市辅导力度，鼓励企业扩大直接融资规模。二是支持企业提供供应链金融服务，打造服务核心企业供应链的新疆区块链融资信用平台。三是搭建线上金融服务平台，推进民营经济服务平台金融服务功能建设，加速聚集银行、基金公司、政策性担保机构、第三方征信机构等金融资源，实现融资服务平台化、数据化。

8.3 人才支持

8.3.1 实施人才强区战略，破除地区发展"人才瓶颈"

城镇化过程中盲目"造城"或工业化的单一拉动手段，造成城镇发展基础薄弱、功能不完善，地区发展"人才瓶颈"问题逐步凸显。政府应实施人才强区战略，破除地区发展"人才瓶颈"。"用脚投票"的城镇发展模式真实存在且有效，在不同区域的人能够充分流动，可根据自身偏好的公共服务来选择要居住的城市，这是人才强区战略实施过程中需重点关注的问题。深化发展体制改革，实施自治区重点人才计划，鼓励、引导优秀年轻人才扎根边疆，着力加强科技领军人才、骨干人才的引进，加强基础研究人才培养。

8.3.2 加大人力资本投资，提高劳动力质量

构建学前教育公共服务体系，优化中小学教育资源配置，深化高中阶段教育普及，改善办学条件，补齐区域教育薄弱短板，支持新疆高等院校附属中学的建设。提升高等教育综合实力，逐年适度增加新

疆高等院校新疆区内和区外招生规模，提升本区域内高等教育院校的综合实力。进一步加大北疆高校南疆办学规模，为当地的发展提供高质量的劳动力。

8.3.3 促进人口转移，提升"人"的生活质量

产城融合的发展离不开人，人是产业和城镇发展的动力和基础。新疆人口基数低、人才需求缺口大，人口供给不足、人才严重匮乏，供需之间的矛盾日益突出，这对新疆产城融合发展水平产生一定的影响。积极探索疆外人口迁移入疆实施办法与实施方案，加大力度鼓励与奖励内地人口迁移入疆，提高人口基数。大幅提高三孩补贴倍数与奖励力度。进一步提高疆外高等院校毕业生入疆就业与新疆高等院校毕业生留疆就业补助与奖励力度，鼓励内地就读新疆籍高校毕业生回疆就业。

第 9 章

结论和展望

9.1 主要结论

《中共中央 国务院关于新时代推进西部大开发形成新格局的指导意见》指出，推动城市群高质量发展和大中小城市网络化建设，"因地制宜优化城镇化布局与形态"。习近平总书记在第三次中央新疆工作座谈会上提出，"要科学规划建设，全面提升城镇化质量"，"不断增强内生发展动力和发展活力"。新疆在城镇化进程中土地出让规模下降，城镇化的产业支撑弱化问题凸显。而产城融合发展是推动工业强基增效和转型升级、增强内生发展动力和发展活力以及增强城镇吸纳就业能力的重要途径。在对产城融合的动因和作用机理分析的基础上，首先从产城融合直接涉及的"产业"和"城镇"两个作用主体分析新疆产城融合发展的现实基础，其次从产业支撑、城市功能和人本导向三个方面构建指标体系测度新疆产城融合发展水平，并进行时空变动与空间差异类型分析，再次构建面板数据模型和门槛效应模型分析对新疆各地州（市）、县级市、县域层面产城融合发展的影响因素，然后对新疆不同区域层次的产城融合发展路径进行分析，并进一步研究不同空间类型产城融合发展的路径选择，最后提出产城融合发展路径的保障措施。

研究发现：

第一，在城镇化进程中，新疆产业体系不断壮大，城镇数量明显增多，城镇基础设施建设持续加强，群众居住环境不断优化，但存在人口城镇化滞后于土地城镇化、城镇化的产业支撑弱化问题凸显、城镇发展中产城分离现象突出等问题。

第二，总体上看，在城镇化进程中"产业支撑""城市功能""人本导向"三个方面不断强化，新疆产城融合发展水平不断提升，但在推动产城融合发展进程中"产业支撑""城市功能""人本导向"并未协调耦合发展，在一定程度上存在产业支撑弱化、城市功能缺失、人本导向错位等问题。

第三，新疆14个地州（市）产城融合发展水平不均衡，呈现北高南低的格局。2018年克拉玛依市产城融合发展水平最高，乌鲁木齐市次之，和田地区产城融合发展水平最低。近年来新疆14个地州（市）之间产城融合水平差距呈现逐步扩大的趋势。在新疆17个县级市中库尔勒产城融合发展水平最高，阜康、阿拉尔次之，阿图什、和田、乌苏产城融合发展水平较低。整体上看，新疆17个县级市之间产城融合水平差距呈现逐步缩小的趋势。新疆各县域产城融合发展平均水平呈现逐步上升的趋势，说明在新疆县域城镇化进程中产城融合程度不断提升。2018年新疆67个县域中精河县产城融合发展水平最高，伊吾县、乌恰县次之，麦盖提县、和硕县、尉犁县产城融合发展水平较低。整体上看，新疆67个县域之间产城融合度、产城融合综合度和产城融合耦合度差距呈现逐步扩大的趋势。

第四，新疆大部分地州（市）在产城融合中尚未形成"产""城""人"协同演化。2005—2018年新疆14个地州（市）中仅博尔塔拉蒙古自治州、克孜勒苏柯尔克孜自治州2个地州在"产""城""人"协同演化过程中具有明确的序参量。在本书研究的新疆17个县级市中2008—2018年除昌吉、阜康、五家渠3个县级市外，其余14个县级市在"产""城""人"协同演化过程中不具有明确的序参量。在本书研究的新疆67个县域中2010—2018年除伊宁县、温宿县2个县域外，其余65个县域在"产""城""人"协同演化过程中不具有明确的序参量。

第五，影响因素分析结果表明：发展环境对新疆产城融合发展的通径系数显著为正，尤其是对新疆产城融合发展中产业支撑的通径系数显著为正；产业生产要素、政府对新疆产城融合发展的通径系数为正，但不显著；城市化水平、经济实力对新疆产城融合发展的通径系数为负。

土地出让产业偏向可以有效地促进新疆各地州（市）产城融合发展，也就是"先产后城"而非"先城后产"是新疆各地州（市）产城融合发展的有效路径，在丝绸之路经济带核心区建设和新时期西部大开发背景下，应更加注重"引凤"而非"筑巢"。区域内投资开放水平的提升、产业结构的优化升级会显著抑制新疆各地州（市）产城融合度和综合度的提升，但区域内投资开放水平的提升会显著促进产城融合耦合度的提升，区域内产业结构的优化升级会显著地抑制新疆各地州（市）产城融合耦合度的提高，区域内企业规模的增大会促进区域产城融合发展。土地出让产业偏向对产城融合发展的影响存在基于财政自给能力、企业规模和企业数量的单门槛效应。门槛效应的检验结果进一步表明立足新疆各区域经济发展实际情况，土地出让产业偏向可以有效地促进产城融合发展，也就是说，相对于"筑巢引凤"，"引凤筑巢"更适合新疆产城融合发展。

产业结构的优化升级可以显著地促进新疆各县级市产城融合度、产城融合综合度和产城融合耦合度的提高；企业数量的增加可以有效地促进新疆各县级市产城融合度和综合度的提升，可以有效地抑制新疆各县级市产城融合耦合度的提升；企业规模的扩大可以有效地促进新疆各县级市产城融合耦合度的提高；财政自给可以显著地提升新疆各县级市产城融合度和综合度，显著地降低新疆各县级市产城融合耦合度；金融发展会显著地抑制新疆各县级市产城融合度、产城融合综合度和产城融合耦合度的提升。门槛效应检验结果显示，经济规模对各县级市产城融合发展的影响存在基于企业数量的单门槛效应。

产业结构的优化升级会显著地促进新疆各县域产城融合度、综合度的提升，会显著地抑制新疆各县域产城融合耦合度的提高；企业数量的增加会显著地促进新疆各县域产城融合度、综合度的提升，会显著地抑制新疆各县域产城融合耦合度的提高；企业规模的扩大会显著地促进新疆各县域产城融合度、综合度的提升，会显著地抑制新疆各县域产城融合耦合度的提高；财政自给会显著促进新疆各县域产城融合度、综合度的提高；金融发展会显著抑制新疆各县域产城融合度、综合度的提升，同时会显著促进新疆各县域产城融合耦合度的提高；市场化水平的提高会显著抑制新疆各县域产城融合度、综合度的提升，同时会显著促进新疆各县域产城融合耦合度的提高。门槛效应检验结果显示经济发展对新疆各县域产城融合发展的影响存在基于贸易开放的单门槛效应。

第六，根据产城融合发展水平将新疆各层次区域划分为转化区、扶持区、优化区、整改区四种类型。转化区的产城融合路径选择为实现"产""城""人"提质增效。扶持区产城融合发展路径选择为：在第一阶段要补齐"产""城""人"发展短板，在第二阶段要实现"产""城""人"提质增效。优化区产城融合发展路径选择为：在第一阶段要实现"产""城""人"协同演化，在第二阶段要实现"产""城""人"提质增效。整改区产城融合发展有三条路径可供选择：如果选择路径1，在第一阶段要实现"产""城""人"协同演化，在第二阶段要实现"产""城""人"补短板，在第三阶段要实现"产""城""人"提质增效；如果选择路径2，在第一阶段要实现"产""城""人"补短板，在第二阶段要实现"产""城""人"协同演化，在第三阶段要实现"产""城""人"提质增效；如果选择路径3，在第一阶段要同时实现"产""城""人"补短板、"产""城""人"协同演化，在第二阶段要实现"产""城""人"提质增效。

第七，新疆在产城融合发展路径选择上，在借鉴国家产城融合示范区建设经验的基础上，要遵循规划引领和因地制宜的原则。新疆在产城融合推进过程中要在"四化"同步下走新型工业化和新型城镇化道路，同时不同典型空间单元应选取不同的路径。新城区走功能相匹配的产业和城镇协调发展道路，以及效率相匹配的产业和城镇高速发展道路；老城区走信息化和新型工业化融合的智慧高端的产业和城市融合发展道路；小城镇的产城融合路径是产业集群和城乡一体化道路。

9.2 展望

本书首先分析产城融合的动因及内在机理，其次从产业和城镇两方面分析新疆产城融合发展的现实基础，构建产城融合评价指标体系，从整体层面、地州（市）层面、县级市层面、县域层面测度产城融合发展水平，并进行时空变动与空间差异类型分析，然后构建面板数据模型和门槛效应模型，依次分析新疆整体层面、地州（市）层面、县级市层面、县域层面产城融合发展的影响因素，最后根据产城融合目标取向、基本原则与国内经验借鉴，分析新疆不同区域层次、不同空间类型产城融合发展的路径选择。未来需要进一步研究的问题有：

第一，在理论广度和深度上，产城融合的内涵还可以进一步完善，产城融合的理论基础还可以拓展。产城融合涉及面广，它不是一个简单的概念，其内涵还可以被深入挖掘。在产城融合理论基础上，本书尝试从"产城互动""产人互动""城人互动"三方面分析其作用机理，未来还可以从更广阔的视角进行分析。

第二，在更大空间范围内开展产城融合发展研究。本书对新疆产城融合进行了测度，分析不同区域层次、不同空间类型的路径选择，给出了一般性的政策建议，未来可以扩大研究样本，在更大区域空间内探求产城融合发展的普遍性规律。

第三，可以从区域产城融合的产业选择、城镇空间结构、功能布局及溢出效应等角度深入研究，提出有益于产城融合发展的新思路，促进产城协调共进。

参考文献

[1] 曹宇波. 基于"产城融合"视角的我国流通业转型空间及战略选择 [J]. 商业经济研究，2020（21）：9-12.

[2] 曾天然，朱腾伟. 汽车产业产城融合发展营商环境法治化完善——以汽车产品消费者权益保护为视角 [J]. 社会科学家，2019（6）：104-112.

[3] 曾振，周剑峰，肖时禹. 产城融合背景下传统工业园区的转型与重构 [J]. 规划师，2013（12）：46-50.

[4] 陈红霞. 开发区产城融合发展的演进逻辑与政策应对——基于京津冀区域的案例分析 [J]. 中国行政管理，2017（11）：95-99.

[5] 陈鸿，刘辉，张俪，等. 开发区产业集聚及产—城融合研究——以乐清市为例 [J]. 城市发展研究，2014（1）：1-6.

[6] 陈佶玲，彭兴莲，毛小明. 进化博弈视角下的产业承接地工业园区产城融合路径选择研究 [J]. 江西师范大学学报（哲学社会科学版），2017（3）：69-75.

[7] 陈绍友，田洪. 城市社会背景下的"产城融合"发展问题研究 [J]. 重庆师范大学学报（自然科学版），2014（5）：132-137.

[8] 陈心颖. 新型城镇化中"人"的现代化解读 [J]. 福建论坛（人文社会科学版），2020（2）：36-44.

［9］　陈甬军，张廷海. 京津冀城市群"产城融合"及其协同策略评价［J］.
　　　　河北学刊，2016（5）：136-140.

［10］　陈运平，黄小勇. 泛县域经济产城融合共生：演化逻辑、理论解构与产
　　　　业路径［J］. 宏观经济研究，2016（4）：135-142.

［11］　丛海彬，段巍，吴福象. 新型城镇化中的产城融合及其福利效应［J］.
　　　　中国工业经济，2017（11）：62-80.

［12］　丛海彬，邹德玲，刘程军. 新型城镇化背景下产城融合的时空格局分
　　　　析——来自中国285个地级市的实际考察［J］. 经济地理，2017（7）：
　　　　46-55.

［13］　邓波，张林栗. 产城融合视角下工业园区发展规模预测与分析［J］. 企
　　　　业经济，2015（6）：178-183.

［14］　杜宝东. 产城融合的多维解析［J］. 规划师，2014（6）：5-9.

［15］　甘小文，毛小明. 基于AHP和灰色关联的产业承接地工业园区产城融合
　　　　度测度研究——以江西14个国家级工业园区为例［J］. 南昌大学学报
　　　　（人文社会科学版），2016（5）：88-95.

［16］　高如泰，王云龙，付海妹，等. 产城融合背景下青岛西海岸新区的生态
　　　　建设和环境管理研究［J］. 环境保护，2017（Z1）：69-72.

［17］　高源鸿. 基于哈肯模型的区域经济发展趋同演化模式实证［J］. 统计与
　　　　决策，2018（22）：144-146.

［18］　郭莉，苏敬勤，徐大伟. 基于哈肯模型的产业生态系统演化机制研究
　　　　［J］. 中国软科学，2005（11）：156-160.

［19］　何继新，李原乐. 产城融合下公共服务配置有效性：内涵、缺失与重塑
　　　　［J］. 改革与战略，2016（8）：15-20.

［20］　何磊，陈春良. 苏州工业园区产城融合发展的历程、经验及启示［J］.
　　　　税务与经济，2015（2）：1-6.

［21］　何立春. 产城融合发展的战略框架及优化路径选择［J］. 社会科学辑刊，
　　　　2015（6）：123-127.

［22］　何艳，曾毓隽. 产城融合视角下产业园的转型与升级——以武汉常福工

业园为例〔J〕. 改革与战略，2016（10）：129-132.

[23] 何育静，夏永祥. 江苏省产城融合评价及对策研究〔J〕. 现代经济探讨，
2017（2）：72-76.

[24] 何智锋，华晨. 城市旧区产城融合的特征机理及优化策略〔J〕. 规划师，
2015（1）：84-89.

[25] 贺传皎，王旭，李江. 产城融合目标下的产业园区规划编制方法探
讨——以深圳市为例〔J〕. 城市规划，2017（4）：27-32.

[26] 贺传皎，王旭，邹兵. 由"产城互促"到"产城融合"——深圳市产业
布局规划的思路与方法〔J〕. 城市规划学刊，2012（5）：30-36.

[27] 侯美亭，胡伟，乔海龙，等. 偏最小二乘（PLS）回归方法在中国东部
植被变化归因研究中的应用〔J〕. 自然资源学报，2015（3）：409-422.

[28] 花永剑. 浙江推动新型小城镇产城融合发展〔J〕. 宏观经济管理，2015
（6）：74-75；78.

[29] 黄桦，张文霞，崔亚妮. 转型升级背景下开发区产城融合的评价及对
策——以山西为例〔J〕. 经济问题，2018（11）：110-114.

[30] 黄建中，黄亮，周有军. 价值链空间关联视角下的产城融合规划研
究——以西宁市南川片区整合规划为例〔J〕. 城市规划，2017（10）：
9-16.

[31] 黄亮，王振，陈钟宇. 产业区的产城融合发展模式与推进战略研究——
以上海虹桥商务区为例〔J〕. 上海经济研究，2016（8）：103-111；129.

[32] 黄小勇，李怡. 产城融合对大中城市绿色创新效率的影响研究〔J〕. 江
西社会科学，2020（8）：61-72.

[33] 黄新建，花晨，马晋文. 江西产城融合发展测评与研究〔J〕. 江西社会
科学，2016（2）：61-67.

[34] 纪慰华. 产城融合发展的综合交通体系规划途径——以上海市临港地区
为例〔J〕. 规划师，2014（6）：40-45.

[35] 贾晶，白珊珊，汪雪峰，等. 河南省国家高新技术产业开发区产城融合
测度评价〔J〕. 地域研究与开发，2019（5）：30-34.

[36] 蒋浩. 推进常州产城融合人城和谐发展的思考 [J]. 宏观经济管理, 2016 (6): 83-87.

[37] 蒋华东. 产城融合发展及其城市建设的互融性探讨——以四川省天府新区为例 [J]. 经济体制改革, 2012 (6): 43-47.

[38] 孔翔, 杨帆. "产城融合" 发展与开发区的转型升级——基于对江苏昆山的实地调研 [J]. 经济问题探索, 2013 (5): 124-128.

[39] 冷炳荣, 曹春霞, 易峥, 等. 重庆市主城区产城融合评价及其规划应对 [J]. 规划师, 2019 (22): 61-68.

[40] 李兰冰, 高雪莲, 黄玖立. "十四五" 时期中国新型城镇化发展重大问题展望 [J]. 管理世界, 2020 (11): 7-22.

[41] 李琳, 刘莹. 中国区域经济协同发展的驱动因素——基于哈肯模型的分阶段实证研究 [J]. 地理研究, 2014 (9): 1603-1616.

[42] 李顺成, 肖卫东, 王志宝. 家庭部门能源消费影响因素及碳排放结构研究——基于 PLS 结构方程模型的实证解析 [J]. 软科学, 2020 (2): 117-123.

[43] 李硕扬, 刘群红. 产城融合视角下特色小镇的功能定位研究——以南昌太平镇为例 [J]. 城市发展研究, 2018 (12): 168-172.

[44] 李文彬, 陈浩. 产城融合内涵解析与规划建议 [J]. 城市规划学刊, 2012 (S1): 99-103.

[45] 李文彬, 顾姝, 马晓明. 产业主导型地区深度产城融合的演化方向探讨——以上海国际汽车城为例 [J]. 城市规划学刊, 2017 (S2): 57-62.

[46] 李文彬, 张昀. 人本主义视角下产城融合的内涵与策略 [J]. 规划师, 2014 (6): 10-16.

[47] 李永华. 大型产业基地入驻背景下的小城镇产城融合策略——以成都市石板滩镇总体规划为例 [J]. 规划师, 2015 (S1): 10-13; 30.

[48] 李豫新, 张威振. 新型城镇化视角下产城融合发展水平研究——以西北五省区为例 [J]. 商业经济研究, 2018 (1): 147-149.

[49] 李豫新, 张争妍. 西部地区产城融合测评及门槛效应研究 [J]. 统计与

决策，2021（5）：86-90.

［50］ 梁学成. 产城融合视域下文化产业园区与城市建设互动发展影响因素研究［J］. 中国软科学，2017（1）：93-102.

［51］ 刘宝香. 产城融合视角下我国城市低成本住房制度研究——基于农业转移人口家庭化迁移消费效应作用渠道的分析［J］. 经济问题探索，2016（4）：72-78.

［52］ 刘宝香. 产城融合视角下我国农业转移人口住房模式研究——基于就业效应作用渠道的分析［J］. 经济问题探索，2017（7）：64-71.

［53］ 刘畅，李新阳，杭小强. 城市新区产城融合发展模式与实施路径［J］. 城市规划学刊，2012（S1）：104-109.

［54］ 刘焕蕊. 互联网金融支持产城融合发展研究［J］. 技术经济与管理研究，2016（5）：70-74.

［55］ 刘瑾，耿谦，王艳. 产城融合型高新区发展模式及其规划策略——以济南高新区东区为例［J］. 规划师，2012（4）：58-64.

［56］ 刘苗. 河南省农村城镇化产城融合发展的对策建议［J］. 农业经济，2017（5）：38-40.

［57］ 刘荣增，王淑华. 城市新区的产城融合［J］. 城市问题，2013（6）：18-22.

［58］ 刘欣英. 产城融合的影响因素及作用机制［J］. 经济问题，2016（8）：26-29.

［59］ 刘欣英. 产城融合环境因素的作用机制与路径选择［J］. 西安财经学院学报，2017（4）：44-48.

［60］ 卢为民. 产城融合发展中的治理困境与突破——以上海为例［J］. 浙江学刊，2015（2）：151-154.

［61］ 罗守贵. 中国产城融合的现实背景与问题分析［J］. 上海交通大学学报（哲学社会科学版），2014（4）：17-21.

［62］ 吕慧芬，刘珊珊，张志丹. 我国西部生态脆弱地区产城融合规划探索——以乌兰布和生态沙产业示范区总体规划为例［J］. 现代城市研究，

2016（12）：36-41.

[63] 马野驰，祝滨滨. 产城融合发展存在的问题与对策研究［J］. 经济纵横，2015（5）：31-34.

[64] 毛小明. 产业承接地工业园区产城融合问题探析［J］. 中州学刊，2015（12）：29-33.

[65] 欧阳东，李和平，李林，等. 产业园区产城融合发展路径与规划策略——以中泰（崇左）产业园为例［J］. 规划师，2014（6）：25-31.

[66] 潘锦云，吴九阳. 产城融合发展模式的形成机理与实现路径——基于提升城镇化质量的视角［J］. 江汉论坛，2016（11）：23-29.

[67] 彭兴莲，陈佶玲. 产城融合互动机理研究——以苏州工业园区为例［J］. 企业经济，2017（1）：181-186.

[68] 曲巍巍，程迎新. 我国产城融合的"四化"趋势［J］. 人民论坛，2017（4）：80-81.

[69] 冉净斐，曹静. 中国的产城融合发展及对城市新区建设的启示［J］. 区域经济评论，2020（3）：50-57.

[70] 沈和. 产城融合发展的生动示范——江阴市璜土镇新型城镇化的创新实践与启示［J］. 中国发展观察，2013（11）：19-21.

[71] 施卫东，卫晓星. 我国文化产业对经济增长的影响路径——基于PLS模型的验证［J］. 经济管理，2013（5）：139-148.

[72] 石忆邵. 产城融合研究：回顾与新探［J］. 城市规划学刊，2016（5）：73-78.

[73] 舒鑫，林章悦. 平衡与深化：产城融合视角下新型城镇化的金融支持［J］. 商业经济研究，2017（18）：154-156.

[74] 宋朝丽. 人本导向的雄安新区产城融合设计［J］. 西安财经学院学报，2019（3）：38-44.

[75] 宋加山，张鹏飞，邢娇娇，等. 产城融合视角下我国新型城镇化与新型工业化互动发展研究［J］. 科技进步与对策，2016（17）：49-55.

[76] 苏林，郭兵，李雪. 高新园区产城融合的模糊层次综合评价研究——以

上海张江高新园区为例 [J]. 工业技术经济，2013（7）：12-16.

[77] 孙建欣，林永新. 空间经济学视角下城郊型开发区产城融合路径 [J]. 城市规划，2015（12）：54-63.

[78] 唐健. 促进产城融合发展的土地政策分析 [J]. 中国土地，2017（11）：18-20.

[79] 唐世芳. 产城融合发展的测度及路径优化——以广西为例 [J]. 商业经济研究，2020（8）：158-161.

[80] 唐晓宏. 城市更新视角下的开发区产城融合度评价及建议 [J]. 经济问题探索，2014（8）：144-149.

[81] 唐晓宏. 基于灰色关联的开发区产城融合度评价研究 [J]. 上海经济研究，2014（6）：85-92；102.

[82] 唐晓宏. 上海产业园区产城融合发展路径研究 [J]. 宏观经济管理，2014（9）：68-70.

[83] 唐永伟，彭宏业，陈怀录."产城融合"理念下西北河谷型城市郊区工业园规划模式研究 [J]. 现代城市研究，2015（7）：9-14.

[84] 田翠杰，林霓裳，刘洪银. 产城融合城镇化发展现状分析——基于全国7省（市）的调查 [J]. 江苏农业科学，2016（1）：455-458.

[85] 万伦来，左悦. 产城融合对区域碳排放的影响——基于经济转型升级的中介作用 [J]. 安徽大学学报（哲学社会科学版），2020（5）：114-123.

[86] 王春萌，谷人旭. 康巴什新区实现"产城融合"的路径研究 [J]. 中国人口·资源与环境，2014（S3）：287-290.

[87] 王菲. 基于组合赋权和四格象限法的产业集聚区产城融合发展评价研究 [J]. 生态经济，2014（3）：36-41；46.

[88] 王凯，袁中金，王子强. 工业园区产城融合的空间形态演化过程研究——以苏州工业园区为例 [J]. 现代城市研究，2016（12）：84-91.

[89] 王亮，陈育霞. 北京河西地区产城融合发展路径探索 [J]. 规划师，2016（S2）：194-198.

[90] 王庆丰. 基于偏最小二乘通径模型的我国区域科技绩效综合评价 [J].

统计与决策，2013（6）：111-113.

[91] 王霞，苏林，郭兵，等．基于因子聚类分析的高新区产城融合测度研究
[J]．科技进步与对策，2013（16）：26-29.

[92] 王霞，王岩红，苏林，等．国家高新区产城融合度指标体系的构建及评
价——基于因子分析及熵值法[J]．科学学与科学技术管理，2014（7）：
79-88.

[93] 王迎英，甄延临．产城融合理念下的科技创新平台规划探讨——以嘉兴
科技创新平台战略规划为例[J]．规划师，2014（11）：49-53.

[94] 吴红蕾．新型城镇化视角下产城融合发展研究综述[J]．工业技术经济，
2019（9）：77-81.

[95] 武春友，刘岩，王恩旭．基于哈肯模型的城市再生资源系统演化机制研
究[J]．中国软科学，2009（11）：154-159；178.

[96] 向乔玉，吕斌．产城融合背景下产业园区模块空间建设体系规划引导
[J]．规划师，2014（6）：17-24.

[97] 谢呈阳，胡汉辉，周海波．新型城镇化背景下"产城融合"的内在机理
与作用路径[J]．财经研究，2016（1）：72-82.

[98] 谢涤湘，王哲．产城融合背景下的科技小镇发展机制研究——以惠州潼
湖科技小镇为例[J]．城市发展研究，2020（9）：25-29.

[99] 徐海峰，王晓东．现代服务业是否有助于推动城镇化？——基于产城融
合视角的PVAR模型分析[J]．中国管理科学，2020（4）：195-206.

[100] 徐海燕．新型城镇化背景下小城镇产城融合发展模式探索——评《产城
融合发展——常州实践与特色》[J]．科技管理研究，2020（8）：277.

[101] 闫二旺．我国生态工业园区产城融合的研究与实践[J]．生态经济，
2018（9）：61-66.

[102] 颜丙峰．产城融合发展的现实考量与路径提升——以山东省产城融合发
展为例[J]．山东社会科学，2017（5）：184-188.

[103] 阳镇，许英杰．产城融合视角下国家级经济技术开发区转型研究——基
于增城国家级经济技术开发区的调查[J]．湖北社会科学，2017（4）：

79-87.

[104] 杨国才，李齐. 中西部承接产业转移的结构变迁效应与产城融合路径 [J]. 江西社会科学，2016（3）：59-66.

[105] 杨惠，方斌，瞿颖，等. 产城融合概念定位与效应评价——以扬中市为例 [J]. 南京师大学报（自然科学版），2016（2）：120-124；133.

[106] 杨惠，方斌. 基于主成分分析法的扬中市产城融合度研究 [J]. 中国农业资源与区划，2016（6）：99-105；125.

[107] 杨思莹，李政，孙广召. 产业发展、城市扩张与创新型城市建设——基于产城融合的视角 [J]. 江西财经大学学报，2019（1）：21-33.

[108] 杨雪锋，孙震. 共享发展理念下的产城融合作用机理研究 [J]. 学习与实践，2016（3）：28-35.

[109] 杨雪锋，徐周芳. 科技新城产城融合的区位类型、路径选择及政策支持 [J]. 学习与实践，2017（4）：14-22.

[110] 杨扬，张学骞，王艺璇. 从产业融合到产城融合："媒体城"的发展策略及创新实践 [J]. 城市发展研究，2020（4）：119-124.

[111] 姚莲芳. 新城新区产城融合体制机制改革与创新的思考 [J]. 改革与战略，2016（7）：46-50.

[112] 袁方成，陈泽华. 新时代新型城镇化的要素结构及其优化路径 [J]. 华中师范大学学报（人文社会科学版），2020（3）：20-29.

[113] 张光进，赵源. 产城融合亟需加大公共服务的有效供给 [J]. 人民论坛，2017（8）：72-73.

[114] 张宏展. "产城融合"模式下准东开发区通勤轨道交通规划布局方案研究 [J]. 铁道运输与经济，2020（4）：104-110.

[115] 张建清，白洁，王磊. 产城融合对国家高新区创新绩效的影响——来自长江经济带的实证研究 [J]. 宏观经济研究，2017（5）：108-117.

[116] 张建清，沈妹文. 长江中游城市群产城融合度评价 [J]. 上海经济研究，2017（3）：109-114.

[117] 张磊，黄秋，高旭，等. 产城融合导向下城市扩张多智能体模型——以

天津市为例 [J]. 干旱区地理, 2017 (4): 881-887.

[118] 张沛, 段瀚, 蔡春杰, 等. 县域工业集中区产城融合发展路径及规划策略研究——以陕西蒲城工业集中区为例 [J]. 现代城市研究, 2016 (8): 39-45.

[119] 张晓伟, 罗小龙, 刘豫萍, 等. 公共服务设施在产城融合中的作用——以杭州市大江东新城为例 [J]. 城市问题, 2016 (3): 36-41.

[120] 张新芝, 曾雨菲, 李小红. 制造业产业转移驱动产城融合发展的评价研究 [J]. 江西社会科学, 2020 (2): 105-115.

[121] 张英, 杨奕薇. 产城融合视角下旅游产业与城镇化建设耦合协调研究——以恩施州为例 [J]. 西南民族大学学报 (人文社科版), 2016 (8): 125-129.

[122] 赵玉娟, 唐龙, 朱佳, 等. 时空耦合视角下港产城融合发展的策略研究——以陕西省西咸新区空港新城为例 [J]. 城市发展研究, 2019 (S1): 89-96.

[123] 郑宝华, 朱佳翔. 国家自主创新示范区产城融合度评价 [J]. 统计与决策, 2016 (18): 65-68.

[124] 郑玉雯, 薛伟贤. 丝绸之路经济带沿线国家协同发展的驱动因素——基于哈肯模型的分阶段研究 [J]. 中国软科学, 2019 (2): 78-92.

[125] 高国力, 刘保奎. 中国新型城镇化空间布局调整优化的战略思路研究 [J]. 宏观经济研究, 2020 (5): 5-17; 40.

[126] 钟诚, 尹金, 毛小明. 工业园区产城融合中政企演化博弈分析 [J]. 企业经济, 2019 (5): 140-146.

[127] 钟顺昌, 李坚, 简光华. 产城融合视角下城镇化发展的新思考 [J]. 商业时代, 2014 (17): 39-42.

[128] 周敏, 李磊, 朱新华. 新型城镇化对产业结构调整的影响及作用路径——基于中介效应的实证分析 [J]. 财贸研究, 2020 (5): 28-38.

[129] 周韬. 产城融合发展的规模门槛效应研究——基于我国266个地级以上城市的证据 [J]. 技术经济与管理研究, 2016 (4): 124-128.

[130] 周宪彪，叶颖．"建园"向"建城"华丽转身——园区积极打造"产城融合绿色发展智慧新区"[J]．绿色中国，2014（24）：56-59.

[131] 周作江，周国华，王一波，等．环长株潭城市群产城融合测度研究[J]．湖南师范大学自然科学学报，2016（3）：8-13.

[132] 邹德玲，丛海彬．中国产城融合时空格局及其影响因素[J]．经济地理，2019（6）：66-74.

[133] 邹伟勇，黄炀，马向明，等．国家级开发区产城融合的动态规划路径[J]．规划师，2014（6）：32-39.

[134] 邹小勤，曹国华，许劲．西部欠发达地区"产城融合"效应实证研究[J]．重庆大学学报（社会科学版），2015（4）：14-21.

[135] 左学金．我国现行土地制度与产城融合：问题与未来政策探讨[J]．上海交通大学学报（哲学社会科学版），2014（4）：5-9.

[136] ANTROP M.Changing patterns in the urbanized countryside of Western Europe [J]．Landscape Ecology，2000，15（3）：257-270.

[137] BRUECKNER J K.Urban sprawl：diagnosis and remedies [J]．International Regional Science Review，2000，23（2）：160-171.

[138] CHEN X F，YAO S M，ZHANG L C.The theory and practice of urban-rural integration in China under the new urbanization [J]．Scientia Geographica Sinica，2016，36（2）：188-195.

[139] CHENERY H B，SYRQUIN M.The patterns of development 1950-1970 [M]．Cambridge：Oxford University Press，1975，110-158.

[140] DISCOLI C，MARTINI I，JUAN G S，et al.Methodology aimed at evaluating urban life quality levels [J]．Sustainable Cities and Society，2014，10（10）：140-148.

[141] FURLAN R，PETRUCCIOLI A，MAJOR M D，et al.The urban regeneration of west-bay，business district of Doha（state of Qatar）：a transit-oriented development enhancing livability [J]．Journal of Urban Management，2018，8（1）：126-144.

[142] GIULIANO G . Is jobs-housing balance a transportation issue? [J] . Transportation Research Record: Journal of the Transportation Research Board, 1992, 1305: 305-312.

[143] HENDERSON J V.Urbanization and economic development [J]. Annals of Economics and Finance, 2003, 4 (2): 275-341.

[144] HEPINSTALL-CYMERMAN J, COE S, HUTYRA L R. Urban growth patterns and growth management boundaries in the Central Puget Sound, Washington, 1986-2007 [J] . Urban Ecosystems, 2013, 16 (1): 109-129.

[145] JACOBS J. The death and life of great American cities [M] . New York: Vintage, 1961.

[146] KOGEL-SMUCKER S.Zoning out: state enterprise zones' impact on sprawl, job creation, and environment [J] . Boston College Environmental Affairs Law Review, 2008, 35 (1): 111-140.

[147] LEWIS N, MORAN W, PERRIER - CORNET P, et al. Territoriality, enterprise and réglementation in industry governance [J]. Progress in Human Geography, 2002, 26 (4): 433-462.

[148] LI Z M, ZHANG Q, LIAO H C. Efficient-equitable-ecological evaluation of regional water resource coordination considering both visible and virtual water [J]. Omega, 2019, 83: 223-235.

[149] MA L B, CHENG W J, QI J H.Coordinated evaluation and development model of oasis urbanization from the perspective of new urbanization: a case study in Shandan county of Heixi corridor, China [J] . Sustainable Cities and Society, 2018, 39: 78-92.

[150] MARKUSEN A. Sticky places in slippery space: a typology of industrial districts [J]. Economic Geography, 1996, 72 (3): 293-313.

[151] MOHANMAD M I, NEKOOIE M A , TAHERKHANI R , et al. Exploring the potential of using industrialized building system for floating urbanization by

SWOT analysis [J]. Journal Applied Sciences, 2012, 12 (5): 486-491.

[152] MOOMAW R L, SHATTER A M.Urbanization and economic development: a bias toward large cities? [J]. Journal of Urban Economics, 1996, 40 (1): 13-37.

[153] PATACCHINI E, ZENOU Y.Search activities, cost of living and local labor markets [J]. Regional Science and Urban Economics, 2006, 36 (2): 227-248.

[154] PFLÜGER M, TABUCHI T.The size of regions with land use for production [J]. Regional Science and Urban Economics, 2010, 40 (6): 481-489.

[155] PORTERS A. The economic sociology of immigration: essay on networks, ethnicity, and entrepreneurship [M]. New York: Ressell Sage Foundation, 1995.

[156] PUTMAN R.Bowling lone: the collapse and revival of American community [M]. New York: Simon Schuster, 2000.

[157] RANIS G, FEI J C.A theory of economic development [J]. American Economic Review, 1961, 51 (4): 533-565.

[158] RAZIN E.The role of ownership characteristics in the industrial development of Israel's peripheral towns [J]. Environment and Planning A, 1988, 20 (9): 1235-1252.

[159] RIGGI M R, MAGGIONI M A.Regional growth and the co-evolution of clusters: the role of labour flows [M] // FRATESI U, SENN L.Growth and innovation of competitive regions. Berlin / Heidelberg: Springer Berlin-Heidelberg, 2009: 245-267.

[160] RODRÍGUEZ-POSE A, HARDY D.Technology and industrial parks in emerging countries: panacea or pipedream? [M]. Berlin /Heidelberg: Springer Press, 2014.

[161] SCHMIDT C W.Sprawl: the new manifest destiny? [J]. Environmental Health Perspectives, 2004, 112 (11): 620-627.

[162] SMITH T E, ZENOU Y.Spatial mismatch, search effort, and urban spatial structure [J]. Journal of Urban Economics, 2003, 54 (1): 129-156.

[163] YAO S M, WANG X H, CHEN Z G.Strategy problem of new urbanization in big urban agglomeration [J]. Human Geography, 2015, 144 (4): 1-5.

[164] ZHAN D, KWAN M P, ZHANG W Z, et al. Assessment and determinants of satisfaction with urban livability in China [J]. Cities, 2018, 79: 92-101.

[165] ZOU X Q, CAO G H, JIANG J W, et al. Assessing the effect of the integration among the urbanization and industries development in three gorges reservoir area in China based on P-VAR models [J]. Journal of Urban Planning and Development, 2016, 142 (2): 1-7.

附录

新疆维吾尔自治区国家级和省级开发区名单以及国家特色小城镇名单见附表1至附表3。

附表1　　**新疆维吾尔自治区国家级开发区名单一览表**

国家开发区		开发区名称	批准时间	核准面积（公顷）	主导产业
1	经济技术开发区	乌鲁木齐经济技术开发区	1994.08	1 566	先进制造、商贸物流
2		乌鲁木齐甘泉堡经济技术开发区	2012.09	756	新能源、新材料、商贸物流
3		新疆准东经济技术开发区	2012.09	981.34	煤电、煤化工、煤电冶
4		库尔勒经济技术开发区	2011.04	1 800	服装纺织、石化
5		库车经济技术开发区	2015.04	912	石化、电力、建材
6		新疆奎屯—独山子经济技术开发区	2011.04	605.89	石化、纺织、冶金
7		阿拉尔经济技术开发区	2012.08	1 350	纺织、食品、天然气化工
8		新疆五家渠经济技术开发区	2012.08	1 480	农副产品加工、服装纺织、建材
9		石河子经济技术开发区	2000.04	2 110	食品饮料、纺织
10	高新技术产业开发区	乌鲁木齐高新技术产业开发区	1992.11	980	新材料、电子信息、生物医药
11		昌吉高新技术产业开发区	2010.09	1 125.7	装备制造、生物科技、新材料
12		新疆生产建设兵团石河子高新技术产业开发区	2013.12	25.96	信息技术、通用航空、节能环保
13	海关特殊监管区域	乌鲁木齐综合保税区	2015.07	241	在建
14		阿拉山口综合保税区	2011.05	560.8	农副产品加工、油气加工、木材加工
15		喀什综合保税区	2014.09	356	在建
16		中哈霍尔果斯国际边境合作中心中方配套区	2006.03	973	仓储物流、进口资源加工制造、电子

国家开发区		开发区名称	批准时间	核准面积 （公顷）	主导产业
17	边境/ 跨境 经济 合作区	博乐边境经济合作区	1992.12	783	纺织服装、石材集控、建材
18		伊宁边境经济合作区	1992.12	650	生物、煤电煤化工、农副产品加工
19		中哈霍尔果斯国际边境合作中心	2006.03	343	商贸、跨境电商、会展
20		塔城边境经济合作区	1992.12	650	商贸、物流、进出口加工、旅游文化
21		吉木乃边境经济合作区	2011.09	1 439	能源、资源进出口加工、装备组装制造
22	其他 类型 开发区	喀什经济开发区（含新疆生产建设兵团片区）	2011.09	5 000	文化、金融、新能源、纺织服装
23		霍尔果斯经济开发区（含新疆生产建设兵团片区）	2011.09	7 300	商贸仓储物流、优势资源精深加工、生物医药

附表2　　**新疆维吾尔自治区省级开发区名单一览表**

序号	开发区名称	批准时间	核准面积 （公顷）	主导产业
1	乌鲁木齐市水磨沟工业园区	2006.04	352.58	电力、建材、木器加工、印刷
2	克拉玛依云计算产业园区	2012.11	350	云计算、软件及系统集成
3	克拉玛依高新技术产业开发区	2005.03	6 182.64	油气化工、机械
4	吐鲁番经济开发区	2006.07	412.13	能源化工、装备制造、建材
5	鄯善工业园区	2003.03	1 251.26	石油天然气化工、无机盐化工、装备制造
6	托克逊能源重化工工业园区	2006.12	583.60	煤炭、盐化工、新能源

序号	开发区名称	批准时间	核准面积（公顷）	主导产业
7	哈密高新技术产业开发区	2015.08	4 115.42	装备制造、综合能源利用、黑色金属矿采选
8	新疆阜康产业园	2006.01	892.08	有色金属冶炼加工、煤化工、建材
9	呼图壁工业园区	2010.11	253.84	农副产品加工、精细化工、轻工
10	玛纳斯工业园区	2010.08	508.82	纺织、化纤、电力
11	奇台产业园区	2011.06	337.50	石材
12	木垒民生工业园区	2012.09	187.29	刺绣、农产品加工、石材加工
13	精河工业园区	2014.11	999.30	纺织服装、新材料、新能源装备
14	轮台高新技术产业开发区	2014.12	1 788.03	精细化工、新能源
15	尉犁工业园区	2014.08	232.14	纺织服装、矿产加工、农副产品加工
16	若羌罗布泊盐化工工业园区	2010.12	179.39	盐化工
17	焉耆工业园区	2013.06	388.84	农产品加工、酿酒、石材
18	和静工业园区	2010.01	988.18	钢铁、建材、农副产品加工
19	新疆和硕经济开发区	1996.07	484.39	石材加工、农副产品加工、新材料
20	阿克苏经济技术开发区	2009.01	999.94	建材、能源、农资产品
21	温宿产业园区	2011.11	595.25	碳硅镁新材料、建材、精细化工
22	沙雅县循环经济工业园区	2010.08	797.58	轻纺、天然气化工、农副产品加工

序号	开发区名称	批准时间	核准面积（公顷）	主导产业
23	拜城重化工工业园区	2009.01	1 503.01	钢铁冶炼、煤化工、天然气化工
24	阿图什工业园区	2010.11	1 206.79	建材、金属选冶加工、农副产品加工
25	阿克陶江西工业园区	2013.11	798.89	矿产品冶炼加工
26	乌恰工业园区	2014.01	254.73	钢铁、有色金属、轻工
27	疏勒高新技术产业开发区	2015.08	3 512.71	钢铁、纺织服装、建材
28	英吉沙工业园区	2010.12	401.21	纺织服装、建材、农副产品加工
29	莎车工业园区	2012.06	998.02	铅锌冶炼、建材、农副食品
30	叶城工业园区	2012.01	500	农副产品加工、硼化工、建材
31	麦盖提县工业园区	2013.07	508.51	农副产品加工、纺织服装、轻工
32	岳普湖泰岳工业园区	2011.04	927.79	农副产品加工、纺织服装、建材
33	伽师工业园区	2009.01	600	铜、纺织服装、农产品加工
34	巴楚工业园区	2011.11	970.36	农副产品加工、纺织服装、建材
35	北京和田工业园区	2011.07	987.18	农产品加工、手工地毯、建材
36	皮山三峡工业园区	2010.12	430	纺织服装、建材、农副产品加工
37	伊南工业园区	2012.02	1 000	纺织服装、农副产品加工、环保节能
38	新疆霍城经济开发区	2000.01	769.69	农副产品加工、建材、食品加工

序号	开发区名称	批准时间	核准面积（公顷）	主导产业
39	新源工业园区	2012.01	1 000	钢铁、农畜产品加工、装备制造
40	乌苏工业园区	2005.03	991.37	石化、农副产品加工、纺织
41	沙湾工业园区	2012.07	654.53	化工、轻工、纺织
42	和丰工业园区	2011.09	373.09	煤化工、盐化工、石化
43	黑龙江富蕴工业园区	2007.12	741.98	金属加工
44	福海工业园区	2010.01	842.06	农产品加工、建材、商贸物流
45	青河工业园区	2015.01	309.02	有色金属加工、钢铁加工、石材
46	新疆阿拉尔台州产业园区	2013.01	572.32	光伏、机械、科研孵化
47	第二师铁门关经济工业园区	2009.01	1 032.38	纺织、农副产品加工、机械设备
48	兵团草湖产业园	2013.03	996.23	纺织服装、食品饮料
49	第三师图木舒克工业园区	2011.04	866.29	纺织、农副食品加工、生物制药
50	兵团霍尔果斯口岸工业园区	2010.05	851.20	电子、建材、化工
51	第四师金岗循环经济产业园区	2011.12	114.12	硅冶炼
52	五家渠工业园区	2010.12	4 483.56	农副产品加工、纺织服装、建材
53	第七师奎屯天北新区工业园区	2011.03	1 243.74	纺织、建材、新材料
54	第七师五五工业园区	2011.03	3 765.39	石化、新材料、建材
55	石河子化工新材料产业园区	2010.08	1 747.99	新材料、化工、金属冶炼

序号	开发区名称	批准时间	核准面积（公顷）	主导产业
56	第九师巴克图工业园区	2011.06	559.72	轻工
57	第九师莫合台工业园区	2012.04	338.79	建材
58	第十师北屯工业园区	2010.11	2 339.23	食品、建材
59	第十师屯南工业园区	2008.06	540.55	农副产品加工、非金属制品
60	兵团乌鲁木齐工业园区	2010.08	1 680.41	轻工
61	新疆兵团准东产业园区	2011.08	719.37	精细化工、装备制造

附表3　　　　　　　**国家特色小城镇名单**

批　　次	名　　单
第一批中国特色小镇名单	新疆维吾尔自治区（3个）： 　　喀什地区巴楚县色力布亚镇 　　塔城地区沙湾县乌兰乌苏镇 　　阿勒泰地区富蕴县可可托海镇 新疆生产建设兵团（1个）： 　　第八师石河子市北泉镇
第二批全国特色小镇名单	新疆维吾尔自治区（7个）： 　　克拉玛依市乌尔禾区乌尔禾镇 　　吐鲁番市高昌区亚尔镇 　　伊犁州新源县那拉提镇 　　博州精河县托里镇 　　巴州焉耆县七个星镇 　　昌吉州吉木萨尔县北庭镇 　　阿克苏地区沙雅县古勒巴格镇 新疆生产建设兵团（3个）： 　　阿拉尔市沙河镇 　　图木舒克市草湖镇 　　铁门关市博古其镇

索引

产城融合—2-6，8-25，27-30，34，35，39，42，43，56，65-73，75-90，95-100，103，104，114-125，127-135，137-142，144-153，155-160，162-168，171-175，178-180，182-191，193-197，200，202-207

路径选择—20-24，29，30，148-153，155-157，159，160，162-164，167，168，172-174，182，183，188，202，205，206

门槛效应—20，130，132，137-139，144-146，202，204-206

内在机理—8，11，21，22，34，39，206

四分图矩阵—21，81，87，97，148，155，162，171

通径分析—21，115，117-119，121，122

综合评价—14，15，21，23，69，75，77，83，89，148，152，159